韓國憲法史와

生命權 認識

韓國憲法史와
生命權 認識[*]

黃致連 著

 한국학술정보(주)

* 이 글은 저자가 정천 허영 박사 화갑 기념 논문집에 발표한 논문에 기초한 것이다.

책 머 리 에

   헌법학을 처음 접할 때 우리는 헌법이론을 배운다. 헌법이론들의
정교함에 놀라기도 한다. 그 이론들은 서구사회의 역사를 전제로 해
서 성립된 것이다. 또한 규범적 도그마만이 헌법학의 전부는 아니다.
서구 각 나라 헌법의 세밀한 부분까지 또는 서구의 수많은 헌법학자
들의 이름이 우리나라 헌법책에서 언급된다. 민주적 헌정경험이 일
천한 우리의 현실에서 지금까지 사회과학분야, 특히 우리의 헌법학
에서 우리사회의 역사를 바탕으로 한 이론구축이 서구에 비해 뒤처
져 있었기 때문에 이것은 당연한 것이다. 그렇다고 하여 우리의 헌
법학이 수입법학의 한계를 지녔고 우리 고유의 헌법학에만 매진하여
야 한다고 국수주의적 목소리를 높여서도 아니된다. 보다 더 철저하
게 보편적인 헌법적 가치들에 대한 탐구가 이미 앞선 나라들의 헌법
학적 연구성과를 바탕으로 제대로 이루어져야 한다. 더욱더 많은 젊
은이들이 선진 헌법학을 정확하게 배우기 위하여 서구의 각 나라에
유학하여야 한다고 본다.

   오늘날 우리는 지구촌에서 코스모폴리탄으로서 생활하고 있다. 우
리의 헌법학도들도 자유인으로서, 그리고 세계시민으로서 연구능력
을 함양하여 국제적 경쟁력을 갖추어야 한다. 세계의 국제법질서에
서 모든 나라는 헌법국가라는 보편적 가치에 입각하고 있다. 따라서
보편적인 헌법국가의 실현을 위해서는 보다 앞선 판례 및 이론들과
연구방법론등을 편견 없이 수용할 줄 알아야 한다.

   그러나 보편적 가치를 추구하지만 국적 없는 종교인도, 과학자도,

헌법학도도 있을 수 없다.

우리가 일구어낸 월드컵 4강도 자긍심을 가져야 할 일이지만 우리의 헌법학적 토양을 이루는 헌법재판도 세계 4강에 접어들고 있다고 생각한다. 평화애호의 전통을 가진 우리 배달민족의 유구한 역사 속에서 헌법학적 가치를 발굴해내 이제 세계각국에 문화수출품으로 선보일 수 있어야 한다. 상호주의적 입장에서 우리의 헌법사도 그들이 배울 수 있도록 연구해 놓아야 한다. 사실 가장 역량이 뛰어난 헌법학도가 헌법사의 연구에 매진할 수 있도록 연구환경도 조성하여야 한다.

이 책은 우리의 헌법사를 구축하기 위한 시론에 불과하다. 제1차적 사료에 접근할 수 있는 능력이 부족해 제2차적 자료에 입각해 연구하다 보니 자괴심이 먼저 앞선다. 보다 많은 후학들이 우리 헌법사에 대한 발전적 연구를 지속하기를 기대해 본다.

2005년 4월

헌법재판소 연구실에서

저자 황 치 연

목 차

Ⅰ. 緒 論

　법제사의 학문영역에서 한국법의 이해가 논구되고 있지만1) 헌법
학의 한 분과로서 헌법사학의 측면에서 헌법에 대한 고찰이 본격적
으로 논의되고 있는 것은 그리 많지 않은 것 같다.2) 헌법사학은 법
사학의 한 분과이다. 나아가 헌법사학은 헌법학의 한 분과이기도 하
다. 법에 관한 설명이 법적 도그마 바깥의 영역에서 이루어질 수는
없는 것인가. 법도 공간적 의미의 사회와 시간적 의미의 역사 바깥
에서 결코 존립할 수 없고 인간적인 현상에 속하는 소이로 인간과
사회와 국가 그리고 역사에 대한 연결고리로서의 법에 대한 通時的
考察은 법의 본질파악을 위해서도 필연적인 것이다. 법에 관한 실제

---

1) 구병삭, 「한국고대법사」(서울: 고려대학교 출판부, 1993(3판)); 김성준, 「한국중세
　정치법제사 연구」(서울: 일조각, 1985); 신호웅, 「고려법제사 연구」(서울: 국학
　자료원, 1995); 전봉덕, 「한국근대법사상사」(서울: 박영사, 1984(중판)); 최종고,
　「한국의 서양법 수용사」(서울: 박영사, 1993(중판)); 최종고, 「한국법사상사」(서
　울: 서울대학교 출판부, 1993); 김병화, 「한국사법사」(서울: 일조각, 1974(중세
　편), 1976(근세편), 1979(현세편), 1992(중판)); 김용태, 명형식, 나용식, 「한국법
　제사 개요」(익산: 원광대학교 출판국, 1981); 연정열, 「한국법제사」(서울: 학문
　사, 1994(개정증보판)); 이정규, 「한국법제사」(서울: 국학자료원, 1996); 박병호,
　「근세의 법과 법사상」(서울: 도서출판 진원, 1996); 박병호, 「韓國法制史攷-근
　세의 법과 사회-」(서울: 법문사, 1987(중판)). 나아가 1973년에 조직된 한국법
　사학회는 「법사학 연구」를 발간하고 있다. 최종고 교수는 삼국시대의 律學으로부
　터 우리의 '법학의 역사'를 검토해 보는 시도를 하고 있다. 동 저자의 「한국법학
　사」(서울: 박영사, 1990), 5면 이하 참조. 일반적으로 법사학의 내포로서 법제
　사, 법사상사, 법학사가 거론되고 있다.
2) 김철수, 「한국헌법사」(서울: 대학출판사, 1988); 한태연, 갈봉근, 김효전, 김범주,
　문광삼, 「한국헌법사(上)」(서울: 한국정신문화연구원, 1988); 한태연, 구병삭, 이
　강혁, 갈봉근, 「한국헌법사(下)」(서울: 한국정신문화연구원, 1991).

적인 기초학문인 법사학에서는 대상을 규범적으로 파악하는 것이 아니라 우선 사실을 인식하는 측면으로 파악한다. 물론 법사학이 법학 체계의 한 요소를 이루고 있지만, 방법론의 측면에서 보았을 때 法史가 도그마적인 성격의 法規보다 덜 추상적이고, 법존재론의 투시와 인식론적인 관점을 요구하는 시간적인 전망을 통하여 법 자체의 논리구성과 구별된다는 것은 주지의 사실이다.3) 헌법사학적 고찰에 있어서 사료의 해석이 결정적으로 중요하지만 그 방법과 범위는 이 글의 테마에 한정된 인식에 토대를 둘 수밖에 없다.

---

3) 졸고 박사학위 논문, "헌법재판의 심사척도로서의 과잉금지원칙에 관한 연구" (서울: 연세대학교 대학원, 1995), 12면 참조.
법사학의 학문적 위상에 대하여 법사학은 인간생활을 법적인 측면에서 역사적으로 고찰하는 학문분야로서 법학이나 역사학의 광범한 제영역에서 하나의 독립된 특수연구분야를 이룬다고 한다. 법질서와 법사상이 어떻게 생성·발전·소멸되어 왔는가를 역사적·사실적으로 분석·파악함으로써 현재의 법질서와 법사상을 입체적·동적으로 이해하여 나아가서 미래적인 전망까지 가늠해 보는 것이 법사학의 내용이요 과제라 한다. 최종고, 김상용 편저, 「법사학 입문」(서울: 법문사, 1985), 12면. 법사학에서는 법을 존재한 것(Gewesenes)으로서가 아니라 생성된 것(Gewordenes)으로서 파악한다고 하지만 법존재의 인식을 전제로 하지 않는 한 이러한 언명은 무의미하다고 본다. 상게서, 13면 참조. 법사학의 연구 방법은 법학적, 역사학적 혹은 언어학적 방법을 합목적적으로 이용하여 法源들을 해석하는 것이라고 한다. 상게서, 27면. 방법이 인식의 대상을 결정한다고 하나 필자는 사료의 가치성판단과 그 해석은 결국 해석자에게 숙명적으로 부여된 역사적·정치적·사회적 조건과 그의 우주관·가치관의 카테고리를 벗어날 수는 없다고 본다. 그만큼 사료의 해석이 중요하고, 해석학으로 파악할 수 없는 것은 죽은 소재로 남아 있게 된다. 어쨌든 법사학자에게는 재구성이 불가능한 이미 생명이 없는 소재가 있을 뿐이나, 역사적 원전도 원칙적으로 현대적 법개념의 관점에서 이해되어야 하며 현대적 법개념의 도움을 받아 분석되어야 한다는 명제는 부인할 수 없을 것 같다. 상게서, 134면 참조. 따라서 다음과 같은 언명은 의미 있다고 본다.
"역사법학파의 노력은 주어진 소재의 뿌리까지 추적해서 아직 생명이 있는 것을 이미 죽은 것과 분리하여 역사에 속하는 것만을 추출해낼 수 있는 유기적 원리를 발견하는 데 있다." 상게서, 117면.

Ⅱ. 한국헌법사의 출발점에 대한 논의

한국헌법사의 출발점을 어디로 볼 것인가가 이 글의 고찰에 있어서 범위의 한정기점이 되기 때문에 논리 전개의 필연적인 端初가 된다. 헌법사의 시대구분은 필요악이기도 하지만 역사파악방법의 본질에 관한 문제이다.4) 그러나 시대구분이 단지 시간의 원근을 가늠하는 역할에 그쳐서는 아니 될 것이다.5) 헌법사의 시대구분에 있어서도 類型學的 방법론(morphological method)이 유용하겠지만6) 여기에서는 우리 헌법사에 등장할 수 있는 標柱들에 대해서 간단히 일별

---

4) 박병호, 전게 「근세의 법과 법사상」, 13면.
5) 일반적으로 법제사적 시대구분은 법 그 자체의 연계를 명확히 하고 法系의 消長을 究明하는 관점에서 시대를 확정함으로써 법을 발전적・능률적으로 파악할 수 있다고 한다. 박병호 교수는 시대구분에서 고려할 지표로서 다음의 것들을 거론하고 있다.
   1. 법의 존재형태가 불문법이냐 성문법이냐, 고유법이냐 계수법 우위이냐, 혹은 양자의 융화에 의한 새로운 형식내용의 법이냐.
   2. 법발전에 있어서 주된, 결정적 문화요소가 무엇이냐(종교, 사상, 혹은 문화총체적 시점).
   3. 법의 제정권력이 어디에 있느냐, 민중이냐 특수계급이냐, 나아가서 국가형성에 따른 왕권의 여부를 고려한다.
   4. 법이 분열했느냐, 관습법 우위이냐, 지방분권적이냐 중앙집권적이냐, 따라서 제정법의 존재양식이 무엇이냐.
   5. 사회체제의 근본적 혹은 급격한 변혁이 있는지의 여부.
   6. 법사상적으로 보아서 자유적 평등적 가치관이 있었으며 그에 따른 법의 형성이 있었느냐 또 그 消長.
   나아가 동 교수는 한국법제사의 시대구분을 씨족법시대(?−B.C. 4세기), 부족법시대(B.C. 3세기−A.D. 372), 율령법시대 전기(A.D. 373−10세기), 율령법시대 후기(11세기−14세기), 통일법전시대(15세기−19세기 말), 서구법 계수시대(19세기 말−1945년), 현대(1945년−현재). 박병호, 상게서, 14면, 22면 이하 참조.
6) 최종고, 전게 「한국법사상사」, 6면 참조.

해 보기로 한다.

1. 단군헌법[7]

원시 퉁그스족과 같은 북방계 민족에 속하는 즐문토기 또는 무문토기계 종족이 신석기문화를 가지고 북방에서 만주와 한반도로 이동하여 공동생활을 한 것[8]이 기원전 2천년 전의 것으로 우리나라 역사에서 단군조선시대가 여기에 속한다.[9] 단군건국설화[10]는 한국역사

---

7) 단군헌법이 성문법으로 존재한 것은 아니어서 이러한 개념을 사용하는 것이 타당하다고 생각하지 않을 수도 있으나 '법제'의 테두리는 모든 성문법체계는 물론 관습법을 포괄하는 용어(박병호, 전게 「근세의 법과 법사상」, 76면 참조)이므로 이러한 용어 사용이 일응 수긍될 수도 있다. 단군헌법이라는 용어를 사용하고 있는 대표적인 문헌으로는 김영호, "우리 헌법 오천년사 서설―단군 및 신라헌법의 문화사적 측면고찰", 「해암문홍주박사화갑기념논문집, 공법의 제문제」(서울: 해암사, 1978)를 들 수 있다.

8) 오늘날 한민족의 고대에 있어서의 直系祖上이 어느 민족이냐에 관해서는 아직도 정설이 없는 것 같고 그리고 한국어가 알타이語族에 속한다고 하고 있으나 이것, 역시 명증된 사실은 아니라 한다. 이종항, "고대법 사상," 「한국사상대계 Ⅲ. 정치・법제사상편」(서울: 성균관대학교 대동문화연구원, 1979), 474면 참조. 우리 민족은 동북아세아 종족의 한 파로서 몽고, 만주를 거쳐 동남으로 내려와 백두산을 중심으로 수렵생활을 하다가 송화강, 압록강, 두만강 등 유역에서 農牧생활을 하였고, 그리하여 차차 만주 일대와 한반도 전역에 생활터전을 잡게 되었으며 후에 중국대륙에서 발해만의 해안을 따라 압록강을 넘어오는 종족과 산동지방에서 바다를 건너오는 종족들이 우리 서해안에 이동하여 同居하게 되었다고 한다. 구병삭, 전게 「한국고대법사」, 1면. 박병호 교수는 이 시기를 씨족법시대라 하여 원시적 씨족공동체의 자율적 규범질서의 시대이며 불문법시대로 설명하고 있다. 또한 이 시기는 고대법시대를 고유법시대와 계수법(율령)시대로 나눌 때 전자에 속한다. 이종항, 상게논문, 474면.

9) 김용태, 명형식, 나용식, 전게 「한국법제사 개요」, 10면 참조.

10) 단군의 건국과 단군조선을 단순한 신화로 볼 것인가 아니면 샤머니즘 신앙, 혹은 실재한 사실로 볼 것인가는 논란의 대상이 되고 있다. 청동기문화 초기에 단군신화가 성립되었는데 이는 신석기시대의 씨족공동체의 氏族長 내지 君長 중에서 지도적 지위에 있던 자의 토템이 聖化되어 오랜 세월 동안 구전되면서 형성, 윤색된 것으로서 사실의 성화로 이해하는 견해가 있다. 박병호, 전게 「근세

의 발원에 대한 신화적인 설명이지만 적어도 문헌적으로 볼 때11)고
려 충렬왕 이후에는 한민족의 동질성을 확인해 주는 정신사의 중심
축이 되어 왔다.12)

단군조선시대에 있어서 원시사회생활을 규율하는 규범은 주로 토
테미즘을 계기로 하여 형성되고, 제단중심의 씨족공동사회로서 神子
또는 天子로 추대되거나 自任하는 首長에 의해 지배되는 것이었다고
한다.13) 이 시대의 국가를 原初國家14)라고 하기도 하고 城邑國家15)
라고 하기도 한다. 왕검성에 定都하여 「조선」이라는 국호16)를 내걸

의 법과 법사상」, 25면 참조.

11) 현존하는 우리나라 최고의 역사서는 김부식이 고려 인종 23(1145)년에 왕명을 받
아 펴낸 「삼국사기」(50권 10책)이지만 건국신화를 담은 최고의 역사서는 고려 충
렬왕 때 승려 일연이 지은 「삼국유사」이다. 하지만 원전이 전해지고 있는 것이 아
니라 「삼국유사」는 조선 중종 7(1512)년에 5권 3책으로 다시 펴낸 책만이 전해지
고 있다. 이밖에도 이승휴의 「제왕운기」, 권남의 「응제시주」, 「고려사지리지」, 「세
종실록지리지」, 「신증 동국여지승람」, 「동국통감」 등이 인용한 「단군본기」, 「단군
고기」, 「단군기」 등의 기사가 있다. 현재의 단군 기원(紀元)은 「동국통감」에 의해
기원전 2333년(唐堯 戊辰年)으로 확정되어 있다.

12) 단군 건국신화에는 ① 자존사상, ② 자주의식과 민주사상, ③ 산악숭배사상과
호국사상, ④ 평화광명을 사랑하는 사상, ⑤ 現世사상, ⑥ 홍익인간사상이 내포
되어 있다 한다.
이선근, 「대한국사 제1권 分散에서 통일로, 고조선─통일신라」(서울: 신태양사,
1973), 51면. 아울러 최종고 교수는 在世理化와 利福禍害, 즉 善卽利福이요 惡
卽禍害라는 善利惡禍의 사상을 거론하여 이것은 除禍召福의인 샤머니즘적 思考
에 기초하고 勸善懲惡의 근거가 되었다고 한다. 최종고, 전게 「한국법사상사」,
16면 이하 참조.

13) 김용태, 명형식, 나용식, 전게서, 13면 참조. 呪術的 君長이라는 표현도 있다. 이
선근, 전게서, 50면 참조. 檀君이란 하늘과 땅을 연결시키며 활동하는 샤먼
(shaman)을 뜻한다고 한다. 최종고, 전게 「한국법사상사」, 22면 참조. 제정일치
시대의 君長은 흔히 天王, 天王郎, 天君이란 이름으로 존칭되었고 제정이 분리
된 시대에 이르러서는 그 칭호가 祭主(祭祀長) 또는 守護神만을 가리키며 君長
(정치단체의 長)은 여러 가지 다른 칭호를 가지게 되었다고 한다. 구병삭, 전게
「한국고대법사」, 3면 참조.

14) 이선근, 전게서, 46면 참조.

15) 이기백, 「한국사 신론」 신수판(서울: 일조각, 1995), 34면 참조. 이 고조선 성읍
국가는 아사달 일대의 평야를 지배하는 조그마한 정치적 사회였을 것이라 한다.

16) 국호가 震檀, 檀 또는 桓이었다는 설도 있으나 朝鮮이라 함이 통칭하는 국호였
다 한다. 도읍은 태백산 단목(神市), 왕검성(평양성)에서 백악산 아사달, 장당경

고 단군이 통치하던 古朝鮮의 정치체제는 제정일치의 정치체제였다.17) 그런데 단군 이전에는 각 부족 대표의 위원회제였지만 단군이 立國한 다음에는 정권이 그에게 專任되었을 뿐 집회처가 檀木하이고 여기에 집합하여 통령을 선거하는 原始民主主義의 효시라 하면서 원시적 민주주의에 입각한 民主的 自治制라는 견해도 있다.18) 어쨌거나 여기에서는 본래적 의미의 헌법 또는 고유한 의미의 헌법의 관념에서 볼 때 단군헌법이 우리 헌법사의 始端이라는 주장이 시사되고 있다.19) 이에 따른다면 혈족관념과 종교적 관계에 입각한 단군헌법은 그 정치질서의 기본정신이 前例尊重에 있었고 祖先崇拜와 血族愛護가 그 근본사상이었다는 것이다.20) 또한 전래의 원시적 제도가 인습에 의해 또는 조화적으로 補修하는 정도에서 시행되었고 당시의 정치는 일반 인민의 여론을 존중하는 衆議政治였으며 정부라는 것은 한 개의 유기체인 사회의 한 기관이었다고 한다.21) 통치형태는 다수자의 의사에 의거하는 군주정체였지만 전제군주제는 아니라 한다.

으로 변천되었는데 자고로 평양이라 명칭된 것은 봉황성, 요양성, 영평과 광영간, 지금의 평양 네 곳이라 한다.

17) 김영호, "한국인의 인간존중주의와 근대헌법상 자유이념의 근원," 「윤세창박사회갑기념논문집, 현대공법학의 제문제」(서울: 박영사, 1983), 390면 참조. 여기에서는 한 민족의 본적지 그 정신적 고향은 그 민족이 만들어낸 신화 속에 있고, 신화의 언어는 어제와 오늘과 내일이 混流하여 흐르는 텐스(時制) 없는 언어이며 「신화는 일반적으로 자연의 제현상이나 자연과의 투쟁의 반영이며 또한 광범한 역사적 보편화에 있어서의 생활적인 반영이다」라는 이어령 교수의 말을 인용하고, 건국신화를 다시 읽는다면 우리가 지금껏 판독할 수 없었던 망각의 언어를 되찾을 수 있을 것이라고 언급하고 있다.

18) 김영호, "우리 헌법 오천년사 서설-단군 및 신라헌법의 문화사적 측면 고찰-, ", 「해암문홍주박사화갑기면논문집, 공법의 제문제」(서울: 해암사, 1978), 26면, 27면 참조. 여기서 혈연집단을 기반으로 하는 법질서에서 인민일치의 의사로서 군장을 옹립하였다는 서구식의 인민선거가 아니라 우리 조상들의 '추대신임제'라고 보아야 한다고 한다. 동 29면 참조.

19) 김영호, 상게 논문, 25면 참조.

20) 상게 논문, 30면, 혈족관계와 종교는 不可分離의 관계에 있었는데, 혈족은 본체이고 종교는 그 상징이었다 한다.

21) 상게 논문, 30면.

입법과 행정의 기능은 통치권한 속에서 분화되지는 못했으나 인민의
동의에 의해서 추대받는 군주는 국가권력 전반에 걸쳐서 그 행사가
위탁되었고 또한 당시의 입법이나 행정은 도덕 및 종교와 정치가 혼
동되어 구별되지 않고 관습법도대로 襲用하였다 한다. 단군헌법은
종교법에 치중함이 많을지라도 사회법의 제약조건이 많았다 한다.22)
행정제도는 봉건제를 시행하기에 이르렀는데 민의에 순응하고 국무
를 통일할 목적으로 편의상, 정책상으로 실시된 것이며 여론에 기초
한 군주정체를 달성하기 위한 것이었다 한다. 아울러 단군봉건제는
혈족관념으로부터 자치적 정치에 기초해서 단군이 조물주(신)의 직
접 명령에 따라서 神化的으로 立法立國하던 당초에 설립된 것이라
한다.23)

　단군 건국신화에서 생명에 관한 이야기는 桓雄이 '生命', 財穀, 疾
病, 刑罰 및 善惡 등 人間 360餘事를 주재하였다는 구절에서 역사상
최초로 언급되고 있으나 정령신앙의 지배하에 있던 이 시대에 分化
된 현대적 의미의 생명권의 인식은 기대할 수가 없다. 그러나 여기
에서는 홍익인간 사상이 생명에 대한 경외를 전제로 하고 있기 때문
에 이 글의 테마와 밀접하게 연결될 수 있다. 하지만 이 때의 생명
은 규범과 자연이 분리되지 않고, 인간과 자연이 융합된 원융적 질
서하에서 존중되었기 때문에 인간 생명뿐만 아니라 자연 속의 식물,

---

22) 제정일치에 의한 종교와 정치가 혼동돼서 종교라는 것이 관습의 원천이 되고
　종교법이건 관습법이건 동일한 효력이 인정되었다 한다. 상게 논문, 31면 참조.
23) 3千人을 인솔하고 태백산에 강림하였고 또 전국을 3千團部로 分掌하였다 하는
　데 이 3千人과 3千團部는 봉건적 관계가 있는 것으로 보고 또한 단군봉건제는
　서구의 봉건제나 중국의 봉건제와 성립과정과 그 내용에서 다르다고 한다. 상게
　논문, 32면 참조.
　단군의 정치는 처음부터 聯邦政治였고 다수의 小國家에는 小國王이 있었고 그
　小國 안에는 각 村이 있었고 그 각 촌에는 村長이 있어서 그 촌락을 자치관리
　하였으며 각 小國들은 필요에 따라 연합하여 행동을 같이하였다고 하는 견해가
　있다. 이에 따르면 檀君은 다수의 小國들 중에서도 평양을 중심으로 하고 각 小
　國의 최고지도자, 즉 君王으로서 통치하였다고 한다. 구병삭, 전게 「한국고대법
　사」, 3면 참조.

동물 및 무생물에게도 생명이 잉태되어 있다고 보는 관념 속에 있었다고 보는 것이 타당하다고 생각한다.

2. 箕子朝鮮 시대의 8條禁法

箕子는 檀君의 뒤를 이어 國都와 國號를 변경하지 않은 채로 새 왕국을 선포하여 약 千餘年間 다스렸다고 한다. 중국 上古 殷末의 현인 기자가 조선에 와서 왕이 되었다는 箕子東來說을 부인하고(다수설) 韓氏朝鮮을 주장하는 견해도 있고, 기자조선이 아닐지라도 단군조선의 주민과 문화내용이 다른 세력에 의해 대체되었을 가능성을 주장하는 說도 있다.24)

여기의 기자조선은 연맹왕국이라고 부르는 것이 적합하다는 견해가 있다.25) 이 시대의 관제는 대체로 중국 戰國時代의 제도를 모방하였다고 한다.26) 따라서 최초의 모방적 헌법체제를 취하고 있으나 이 시대의 전반적인 법의식을 조망해 볼 때에는 아직 고유의 관습체제에서 벗어나 있다고 볼 수는 없을 것이다. 이 시대에 있어서 헌법사의 촉각에 포착될 수 있는 것이 8條禁法이다. 이병도 박사는 8條

---

24) 高麗史 刑法志 二에서 기자조선이 실제로 있었던 것으로 수록하고 있는데, 기자조선의 인정 여부 등에 관한 문헌 등을 요약정리하여 이해하기 쉽게 논술하고 있는 것에 대해서는 구병삭, 전게 「한국고대법사」, 4면 이하(특히 註 8) 참조. 연대상의 오류를 지적하고 있는 것에 대해서는 연정열, 전게 「한국법제사」, 12면 참조.

25) 고조선의 성읍국가는 대동강과 요하 유역 일대에 흩어져 있는 여러 성읍국가들과 연합해서 하나의 커다란 聯盟體를 형성하게 되었는데 이러한 성장과정에서 그 통치자를 일컫는 왕의 칭호는 '기자'라고 부르게 되었는데 중국의 殷이 망했을 때 箕子가 왔다는 설화는 이 양자의 발음이 동일한 데서 말미암은 잘못된 전승이라 한다. 이기백, 전게서, 34면.

26) 김용태, 명형식, 나용식, 전게 「한국법제사 개요」, 12면 참조.

禁法이 箕子8條敎가 아니라 樂浪朝鮮民 犯禁八條라 하고 있다. 즉 낙랑 조선민 전래의 고유법률이라는 것이다. 구병삭 교수는 8條禁法이 그 자체의 성질로 보아 기자와는 상관없는 上古 조선민의 慣習法이며 東夷民族 내지 상고시대 인류사회에 공통된 萬民法的 성격을 가지는 것으로 보고 있다.27) 이 8條禁法은 우리 헌법사의 시발로 볼 수 없으나 형법사의 시발로 파악할 수는 있을 것이다. 漢書地理志 燕條에 8조금법의 3개조가 기재되어 있는데 "相殺 以當時 相殺, 相傷 以穀償, 相盜 男沒入爲家奴 女子爲婢 欲自贖者 人五十萬"이 그것이다.28) 사람을 살해한 자는 즉시 사형에 처한다는 첫 구절은 생명권과 사형제도에 관한 우리 역사상 최초의 언급이라고 볼 수 있다. 사형제도에 관한 우리 헌법재판소의 합헌판결에서도 다수의견은 이것을 거론하고 있다.29)

---

27) 구병삭, 전게서, 6면 참조. 연정열 교수도 8條法은 중국에서 전수받지 않은 순수한 우리 고유의 법이고, 기자가 8조법을 제정 공포하여 고대 조선을 교화시켜 立法을 바로 세웠다는 것은 한낱 조작된 허구라고 하며, 八條法은 우리 전래의 고대법으로서 고조선 안에서 자연발생적으로 생긴 慣習律에 바탕을 둔 犯禁法的인 성격을 띠고 있다고 한다. 연정열, 전게서, 12면, 15면 참조.

28) 사람의 신체를 상해한 자는 곡물로서 보상하게 한 두번째 구절은 고대 바빌로니아의 함무라비 법전(Code of Hammurabi)이나 舊約의 聖約法典(Code of Covenant) 즉 헤브라이의 모세律法에 보이는 "생명에 대하여는 생명으로(life for life), 눈에 대하여는 눈으로(eye for eye), 이에 대하여는 이로(tooth for tooth)" 보복한다는 同害報復法(同態復讐法)과는 달리 一般原始刑法과 비교하면 훨씬 진보적이라 한다. 김용태, 명형식, 나용식, 전게서, 13면; 구병삭, 전게서, 8면 참조.

29) 憲裁決 1996. 11. 28. 95헌바1, 형법 제250조 등 위헌소원의 결정문, 6면 참조.

3. 최초의 쿠데타 정부 - 衛滿朝鮮과,
최초의 植民地 統治 - 漢四郡

韓氏朝鮮의 末代王인 準王代에 燕人 衛滿이 浿水 以北에서 망명하여 準王에게 진언하여 西界守備의 중책을 요구하자 準王은 그를 신임하여 圭의 품위를 주고 博士(지방장관의 직)로 삼아 西邊 百里의 땅을 관할하도록 하였는데, 위만은 流亡民을 통솔하여 자기세력을 배양하더니 급기야 漢나라 군대가 쳐들어 오므로 도성에 돌아가 왕을 호위하겠다고 둘러대고 쿠데타를 일으켜 준왕을 쳐서30) 나라를 빼앗아 왕위에 올랐다는 것이 위만조선에 관한 일반적인 설명이다.31) 국호를 전과 같이 朝鮮이라 하고 王儉에 도읍하여 孫 右渠王에 이르기까지 약 80년간 위만조선의 지배가 계속되었다(漢의 孝惠帝·呂后시대인 기원전 194년 내지 180년 사이에 건국, 기원전 108년 멸망).

당시 조선의 法制 중 官制는 相과 將軍의 職이 문헌상 나타나나32) 중앙의 大臣職(朝鮮相)이나 지방의 장관직(尼谿相)을 불문하고 모두 相이라 하였는데 應劭註에 있는 '戎狄不知官紀 故皆稱相'이란 것은 조선이 중국제도를 모방하면서도 그 내용과 성질을 잘 알지 못하고 사용하였던 것을 일컫고 있는 듯하다.33)

---

30) 이때 準王은 남쪽 辰國으로 가서 韓王이라고 칭하였다 한다. 이기백, 전게서, 38면.
31) 위만조선은 중국 流移民에 의해 지배되는 식민지 정권이었다는 說이 지배적이지만 移民漢族과 토착사회의 부족사회에 聯立政權을 세운 것이라는 說과, 위만이 燕人이 아니고 조선인이고 위만조선은 철기문화에 익숙한 중국 流移民 세력을 배경으로 성립되었다고는 하지만 위만을 비롯한 지도세력은 요동지방에 거주하던 조선인계통과 토착세력으로서 구 지배체제에 도전한 신흥씨족이었을 것이라는 설이 유력하게 대두되고 있다. 김용태, 명형식, 나용식, 전게서, 16면; 자세한 것은 이선근, 전게서, 56면 이하 참조.
32) 漢書 第95列傳 第65朝鮮條.
33) 구병삭, 전게서, 11면 참조.

생명권과의 관계에 있어서 이 시대에 특별히 언급할 사항은 없으나 우리나라 역사상 최초의 외적침입으로 볼 수 있는 漢武帝의 침공에 의해 멸망되는 과정에 있어서 主和派와 主戰派의 논란은 생명권과 전쟁의 관계라는 측면에서 전쟁시의 생명투입강제의 문제가 제기될 수 있을 것이다.

漢은 기원전 128년에 濊君 南閭의 來屬을 계기로 예맥지방에 蒼海郡을 설치했으나 2년만에 폐지하였고 기원전 108년에 위만조선을 멸망시키자 곧 그 영역 안에 樂浪, 眞番, 臨屯의 3郡을 설치하고 이어서 다음해에는 濊貊의 땅에 玄菟郡을 두어 식민통치를 하였다. 따라서 이제 고조선 지역은 漢의 지방행정조직에 편입되어 한사군은 遼東郡, 遼西郡 등과 함께 幽州에 속해 그 刺史의 지배를 받게 되었다. 그러나 불과 25, 26년만인 기원전 82년에 진번과 임둔을 폐지하여 각각 낙랑군과 현도군에 통합하였고, 기원전 75년에는 현도군이 예맥땅으로부터 만주의 興京, 老城 지방으로 쫓겨가게 되었고 나중에는 撫順 지방으로 옮겨갔다. 한사군은 설치된 지 불과 30여년만에 낙랑 1개군으로 줄어들었고 후에 낙랑군의 명칭을 樂鮮郡으로 고치기도 하였지만 낙랑군의 토착 조선인인 王調의 반란이 있은 다음에는 낙랑군 동부 都尉의 관할 7縣에 토착인의 자치제를 허용하였다. 다시 後漢 獻帝 建安年間에 낙랑군의 屯有縣(지금의 黃州) 이남의 곳에 公孫康이 帶方郡을 설치하여 漢郡縣은 낙랑, 현도, 대방의 3郡으로 개편되었다. 그러나 낙랑군은 313년에 고구려 미천왕에 의해, 대방군은 백제에 의해 점령되었다. 고구려의 광개토대왕은 백제에게서 대방을 빼앗는 한편, 前燕의 慕容氏에게서 遼東, 玄菟를 마저 빼앗음으로써 漢郡縣은 설치된 지 421년만에 종언을 고하고 중국의 식민지 세력은 조선으로부터 완전히 驅逐되었다.34)

---

34) 자세한 것은 이선근, 전게서, 64면 이하, 김용태, 명형식, 나용식, 전게서, 16면 이하 참조.

이 시대에 8條禁法이, 내용은 전해지지 않으나 60여조로 불어나게
되었던 것은 토착사회의 풍속이 漢人들에 의해 문란해지고 반면에
토착주민이 한문화의 영향을 받아 사회생활이 점차 복잡화하였음을
나타내주는 것이라고 볼 수 있다.35)

4. 남북 부족국가시대의 통치법제

(1) 최초의 부족국가 — 夫餘의 解氏王朝

一說에 단군왕검의 후손이라고도 하는 解慕漱가 만주의 農安, 長
春 일대에 나라를 세우고 그 태자 解夫婁가 東夫餘를 발흥시키자 단
군조선의 중심세력이 중추를 이루고 있는 부여 종족은 北夫餘, 西夫
餘(卒本夫餘), 王儉夫餘(中夫餘), 南夫餘의 5夫餘를 형성하였다고 한
다.36) 부여의 정치형태는 君王을 중심으로 하는 部族聯盟國家라고
한다. 王權神授의 관념에 접해 있었지만 왕권은 절대적인 것은 아니
었던 것 같다. 世襲的 酋長制로서 嫡子相續의 관습이 있었지만 왕위
를 계승할 적자가 없는 경우 部族會議體에서 평의하여 왕을 선출하
였다. 왕37)이 통치하는 中部와 諸加(馬加, 牛加, 豬加, 狗加)의 관할
로 되어 있는 四出道가 행정구획으로 되어 있었고 지방의 邑落은 諸
加에 分屬되었다. 諸加는 軍事, 裁判, 祭祀 등을 관장하였을 뿐 아니

---

35) 김용태, 명형식, 나용식, 전게서, 17면 참조.
36) 자세한 것은 구병삭, 전게서, 14면 참조. 부여의 기원이나 건국연대에 대해서는
   명시할 수 있는 자료가 나타나 있지 않다고 한다. 이선근, 전게서, 80면 참조.
37) 49년에 중국식 왕호를 사용한 부여는 지정학적 위치에 있어서 당시의 국제역학
   관계에 있어서 완충지대 역할을 하였고 慰仇台가 왕으로 재위하던 시대가 전성
   기였고 慕容氏의 침입 이후 쇠퇴의 길을 걸었는데 이때 依慮王은 우리나라 역
   사상 최초의 殉國의 왕이었다 한다. 이선근, 전게서, 82면 참조. 부여는 고구려
   文咨王 3년(494년)에 고구려에 복속되었다.

라 평시에는 貴族的 酋長으로서 부락을 指導하고 전시에는 군사령관
으로 출전하였다 한다. 부여는 兵制에 있어서 國民皆兵制를 취하고
있었다. 職制에 있어서 大使, 大使者, 使者의 관직명이 보이는데 國
王 직속과 諸加 소속의 두 종류가 있었다고 한다.38)

한국헌법사의 시발을 최초의 부족국가인 夫餘 왕국시대로부터 할
것인가에 대해서 議論이 있을 수 있겠지만 이 글의 주제와 관련하여
지적될 수 있는 것은 생명권과 사형제도와의 관계에 대해서 살펴볼
때 부여에서 死刑이 확대된 것을 들 수 있다. 즉 부여의 刑制에 있
어서 窃盜時에 盜物의 12배를 배상하는 一責十二法이 유명하지만,
殺人의 경우에 사형에 처할 뿐만 아니라 男女姦淫者와 妬婦를 死刑
으로 다스렸다는 점이 특이하다. 특히 妬婦의 경우에는 屍體遺棄刑
까지 부가되었다. 이것은 아마 부여의 兄死妻嫂制와 一夫一妻制에
蓄妾制度가 인정되어 있는 家父長的 가족제도와 연관이 있는 듯하
다. 한편 迎鼓祭日에는 囚徒를 赦免하는 法俗이 있었다.

(2) 최초의 政敎分離 사회 ― 辰國과 三韓

대륙으로부터 동떨어진 한강 이남의 원시사회는 기원전 3·4세기
경에 금속문화의 유입으로 남방식 고인돌로 징표되는 새로운 정치적
사회를 이루게 되었다. 기록상 이 지역에 나타난 최초의 부족연맹체
는 辰國이다.39) 문화적으로 선진이라 할 수 있는 북방지역에서 남방
으로 계속되는 流移民의 흐름은 진국사회에 변화를 가져오게 하여
이들 유이민세력과 토착사회의 결합은 이 지역에 수많은 小國家를
형성하게 했고 이것은 대체적으로 馬韓·辰韓·弁韓 등의 3세력으로
분류되었다.40) 즉 삼한은 모두 78개의 소국가로 이루어졌는데 그 중

---

38) 김용태, 명형식, 나용식, 전게서, 21면 참조.
39) 山海經에 나오는 蓋國(蓋馬國-蓋馬韓)도 辰國의 다른 명칭이라는 說이 있다. 이
   선근, 전게서, 87면 참조.

마한이 54국, 진한과 변한이 각각 12국을 차지하고 있었다. 目支國
(月地國)에 도읍한 辰王은 왕권의 소유자라기보다는 삼한 총연맹체
의 최고 맹주로서 목지국의 渠帥(君長)가 세습하였다고 한다. 위 78
개국 중에서 伯濟[41]와 斯盧[42]가 후에 百濟와 新羅로 발전하였다. 小
國家는 그 大小에 따라 渠帥의 명칭도 臣智, 險側, 樊濊, 殺奚, 邑借
등으로 달리 불렸다. 삼한사회는 水田경작이 어느 지방보다도 발전
되고 鐵이 생산될 만큼 비교적 산업이 발달되었지만 정치적으로는
고대국가로 이전되기 전의 부족국가의 면모를 갖추는 단계에 있었
다.[43] 삼한의 官名에는 率善, 邑君, 歸義候, 中郞將, 都尉, 伯, 長, 候
등이 있었다 한다.[44] 金三守 교수는 「삼한사회=진국」은 법제가 정비
된 관리기구를 가진 사회였고 기원전 3-2세기에는 노예제 사회단계
에 있었던 것이 기원 2-3세기에 가서 붕괴과정에 들어간 것으로 보
고 있다.[45] 삼한의 사회법제는 그 전부가 관습법이며 불문율로 생
성·발달하였다. 삼한은 지배자와 피지배자간의 관계가 노예적 사
회[46]를 거쳐 고대국가형성의 萌芽형태로 발전함으로써 앞으로 백제
와 신라 건국의 기초가 되었다.[47]

---

40) 마한·진한·변한의 호칭은 樂浪漢人에 의하여 불리워진 지역적 명칭에 불과하
고 정치적으로는 다같이 辰王을 맹주로 하는 단일의 부족연맹사회를 형성하고
있었다. 김용태, 명형식, 나용식, 전게서, 38면 이하 참조.
41) 전설상 溫祚에 의해 건국되었다고 전해지고 古尔王(古爾王) 때 전성기라 할 수
있는데 古爾王은 百濟의 始祖격으로 추앙되고 있다. 이선근, 전게서, 91면 참조.
42) 斯盧 부족은 及梁, 沙梁, 本彼, 车梁, 漢祇, 習比 6개 씨족으로 구성되어 있었는
데 及梁部의 朴赫居世가 斯盧국의 최초의 왕으로 추대되었고 왕비인 閼英은 沙
梁部 출신이었다. 이선근, 전게서, 89면 참조.
43) 이선근, 전게서, 90면 참조.
44) 김용태, 명형식, 나용식, 전게서, 40면.
45) 구병삭, 전게서, 28면, 주93) 참조.
46) 여기에 대해서는 馬韓의 下戶 衣幘法에 관한 三國志 魏書(韓傳) 馬韓條의 기록
과 辰韓의 漢人奴隷의 존재를 증명해 주는 염사치(廉斯鑡)와 戶來에 관한 三國
志 魏書 券30 烏丸·鮮卑, 東夷傳 第30, 즉 韓傳의 本文記事에 대한 裵松之 細
註에서의 魏略에 있는 글이 잘 말해주고 있다. 구병삭, 전게서, 24면 이하 참조.
47) 전게서, 29면.

한국헌법사의 출발점으로 三韓이 거론될 수 있는 여지는 大韓帝國의 헌법이라 할 수 있는 大韓國 國制에서 밝히고 있는 國號의 淵源이 되고 있기 때문이다. 즉 大韓의 국호를 高宗이 欽定하였는데 고대 三韓의 고유국명을 원용하여 이를 통합한 천하가 大韓의 나라라고 하였기 때문이다.48)

생명권의 시각에서 거론될 수 있는 것은 어느 정도 생명존중사상이 배태되어 있는 蘇塗라는 遁避所에 관한 것이다. 삼한은 祭政分離 사회였는데 季節祭의 주관은 정치적 君長인 왕이나 왕에게 소속된 祭官이 아니라 정치권력과는 완전히 분립된 祭祀長인 天君이 맡고 있었다. 天君이 사는 곳에는 따로 邑落이 형성되어 그 곳을 蘇塗라 하였다. 蘇塗는 일종의 靈場 내지 聖域으로 신성시하여 죄인이 그 곳으로 도망치더라도 잡아갈 수가 없었다. 이것은 부당한 復讐를 제한한다는 측면에서 그리고 그 당시 노예사회의 시대상황에서 볼 때 생명권의 보호에 기여하였다고 본다.

5. 최초의 고대국가 고구려와
삼국정립 및 율령법시대

고구려의 시대구분은 일반적인 구분방법에 따를 때 고구려 시조인 朱夢(東明 또는 鄒牟－기원전 37년)부터 瑠璃王·大武神王·閔中王·慕本王 등의 5代間을 고구려 初期로 보고 제6대 太祖王(기원 53

---

48) 고종은 황제의 位에 등극하기에 즈음하여 光武 원년 10월 11일 議政府議政 沈舜澤, 特進官 趙秉世 등 時原任大臣들을 引見한 御前會議에서 "我邦乃三韓之地 而國初受命, 統合爲一, 今定有天下之號, 曰大韓, 未爲不可"라고 피력하고 沈舜澤, 趙秉世 등의 찬동을 얻어 국호가 大韓으로 결정된 것이다. 전봉덕, 전게 「한국 근대법사상사」, 110면 참조.

년)대부터 마지막 왕인 寶藏王(668년)대까지 약 616년간을 고구려
中·下期로 본다. 전자의 시기는 부족연맹체에서 고대국가체제로 발
전하는 과정이고 후자의 시기는 관료제적·중앙집권적인 귀족국가로
서 고대국가체제가 확립되어 국민에 대한 전제적 지배가 이루어지던
시기이다.49) 고구려가 고대국가의 체제를 갖춘 것은 제6대 太祖王대
로 볼 것이나 律令정치의 시작은 小獸林王 3년(373년) 때이다. 따라
서 한국헌법사의 시작을 고대국가 성립시기로 본다고 할 때에 구체
적인 출발점에 대해서는 또다시 다투어질 여지는 있다. 백제의 경우
율령공포에 관한 기록은 없다. 그러나 古尔王 27년(260년)에 6佐平
을 두고 16등의 官等과 服色을 정하였으나50) 고대국가의 성립은 近
肖古王 때로 보고 있다. 신라의 경우에도 신라로 발흥하는 기초는
奈勿麻立干(이때 왕명을 尼師今 대신에 麻立干으로 함)에 의해 다져
지고, 국호를 '新羅'로 개칭하고 麻立干 대신에 중국식의 '王'의 칭
호를 사용한 것은 智證王 때의 일이나51) 율령을 공포하여 중앙집권
적인 귀족국가로서의 고대국가체제의 완성은 法興王 7년(520년) 때
이다.52)

삼국정립시대에 속하는 이 시대는 법제사적인 측면에서는 중앙집권
적 전제국가53)를 유지하기 위한 법체계인 律令이 반포된 律令法時代

---

49) 구병삭, 전게서, 30면 참조.
50) 이때를 율령의 편찬시기로 보는 것은 고구려와 비교하여 110여년이나 앞선다는
    점에서 다소 문제가 있고 당시는 아직 晋이 성립되기 5년 전이므로 晋律을 母
    法으로 하는 것은 근거가 없다고 한다. 유성국, "한국 고대 사형제도 연구"(연세
    대학교 석사학위논문, 1986), 194면 참조.
51) 고대국가로의 발전단계에 있어서 왕의 명칭의 변화나 왕위계승법의 변화는 왕권
    의 강화와 밀접한 연관이 있다. 고구려는 太祖王 때 桂婁部 高氏의 왕위계승권이
    확립된 이후 故國川王때 왕위계승이 형제상속으로부터 父子相續으로 바뀌었고 백
    제의 경우 父子相續에 의한 왕위계승이 정착된 것은 近肖古王 때부터라고 하고
    신라의 경우는 奈勿麻立干 이후 3姓이 교대로 왕위에 오르는 현상이 없어지고 金
    氏가 왕위를 세습하였는데 訥祗麻立干때 왕위의 父子相續制를 확립하였다.
52) 이기백, 전게서, 61면, 62면, 67면, 69면 참조.
53) 따라서 고구려·백제·신라는 왕을 중심으로 한 일원화된 官等體系를 가지게 되

라고 할 수 있으며 成文制定法時代이다.54) 즉 율령반포로 인하여 종
래의 慣習法 내지 不文法體系에서 成文法體系로 이행되었다고 볼 수
있는데, 하루아침에 모든 제도가 바뀐 것은 아니고 율령에 담겨 있는
대부분의 제도는 이미 갖추어져 있었지만 종전의 제도를 더욱 체계화
하고 성문법으로 뒷받침한다는 의미가 있었던 것이다. 그러나 아쉽게
도 이 시대의 율령원전은 그 전모가 전해지지 않고 있다.

律令이 중국에서는 秦·漢·三國時代부터 생겨나서 魏·晉·南北
朝를 거쳐 隋·唐시대에 정비되었는데 고구려 율령은 魏·晉의 율령
을 계수한 것으로 추정되고, 기록은 없지만 백제 율령도 4세기경에
는 성문법전으로 존재하였을 것으로 짐작되며, 신라 율령은 처음에
는 고구려의 율령을 계수하였고 뒤에 당나라의 율령도 계수하였다고
한다.55) 官府에 대하여는 고구려의 경우에 이렇다 할 기록이 없으
나, 백제에는 漢城시대의 內臣·內頭·內法·衛士·朝廷·兵官의 6
佐平에서 泗沘시대의 內官12部, 外官10部의 22部에 이르는 비교적
정비된 官府들이 갖추어져 있었고 신라에 있어서는 필요에 따라 兵
部·司正部·稟主 등의 官府가 생겨나서 국무를 나누어 맡았다.56)
한편 이 시대의 정치제도상의 특질의 하나로 會議制度가 거론되고

있다. 三國의 官等에 대한 圖表에 대해서는 이기백, 전게서, 81면 참조.
54) 박병호, 전게「근세의 법과 법사상」, 28면 이하 참조.
55) 상게서, 29면 이하 참조. 고구려의 율령이 晉의 泰始律을 계수한 것으로 보는
견해에 대해 비록 고구려율이 泰始律을 계수하였다 하더라도 東晉에서 직접 받
아들인 것으로 보기는 어렵고 前秦에 대한 使行과정에서 계수된 것으로 보아야
한다는 견해가 있다. 또한 고구려의 전성기였던 長壽·文咨王代에는 당시의 北
魏律(神麚律)이 晉律보다 발달한 것이므로 北魏律을 새로이 받아들여 율령을 개
정하였을 가능성이 높다고 한다. 나아가 이 견해는 신라율에 대해서도 고구려율
이 母法이라는 것에 대하여 그 사실을 구체적으로 증명할 수 없다는 것을 지적
하고 北魏로부터 율령을 계수할 필요성과 가능성에 대해서 논증하고 있다. 따라
서 이 견해는 增補文獻備考에 있는 智證王代의 刪定律令과 法興王代의 頒示律
令의 상황적 관계를 검토하고 있다. 유성국, 전게 논문, 168면 이하, 204면 이
하 참조. 이와 반대로 신라율의 독자적인 주체성을 강조하는 것에 대해서는, 구
병삭, 전게서, 215면 참조.
56) 이기백, 전게서, 82면.

있다. 즉 고구려의 경우 귀족들의 선거에 의한 수상(大對盧)의 선출, 皂衣頭大兄(제5관등) 이상이 참여하는 고위 귀족관료회의, 백제의 경우 재상을 투표에 의해 선거한 것으로 해석되는 政事巖會議, 그리고 眞骨 출신으로 생각되는 大等으로써 구성되고 上大等을 의장으로 하는 회의체인 신라의 和白 등이 그것이다.57) 중앙정부는 지방행정단위인 郡에 城主로서 處閭近支(道使: 고구려), 郡將(백제), 郡太守(신라)를 두어 관장하였는데 뒤에는 여러 城을 통괄하는 커다란 행정구획이 생겨나게 되었다. 이것이 고구려의 東·西·南·北·內의 5部였고, 백제의 中·東·南·西·北의 5方이었으며, 신라의 上·下·新의 여러 州였다. 여기에는 각기 褥薩·方領·軍主 등의 지방장관이 있었는데 거기에 주둔하고 있는 지방군의 지휘관이기도 하였다.58)

생명권의 시각에서 이 시대를 조망할 때59)눈에 띄는 것은 死罪의 대상과 死刑 방법의 多岐化이다. 고구려에서는 謀反·謀叛·謀大逆, 降敵·敗北, 違制, 誣罔·誹謗, 壇權求索, 毁大紀牲, 殺人, 行劫(剽劫), 不孝, 姦尊屬(烝), 誣告 등이 死罪의 대상이 되었고 사형의 방법으로 燒斬, 溺, 棄市, 坑, 斬, 賜死가 있고 夷族에 관한 기록도 있으나 실제 적용된 예는 없다고 한다. 백제에서는 謀反·謀叛, 退軍, 殺人, 誣罔 등이 死罪의 대상이 되었고 사형의 방법으로는 夷族刑, 斬刑이 있고 梟首刑과 腰斬刑의 존재가능성이 있다고 한다. 신라에서는 謀反·謀大逆·謀叛, 知謀反不告, 臨陣敗北·臨陣不進, 詐病棄務, 矯紹, 違制(違紹), 殺人·强盜殺人, 姦通, 毆父母, 惡逆罪 등이 死罪의 대상이 되었고 사형의 방법으로는 夷族, 支解, 車裂, 斬刑, 自盡

---

57) 회의제도의 존재는 당시의 정치를 귀족연합적인 성격을 지니게 하였고 또한 다른 편에서는 內省과 같은 近侍機構를 중심으로 王權의 專制化 경향이 싹터 나오기도 하였다고 한다. 상게서, 同面 참조.
58) 상게서, 83면.
59) 물론 이 시대에 종교적인 차원에서는 불교의 五戒의 첫 항목인 殺生禁戒나, 신라 26대 眞平王때 圓光法師의 世俗五戒 중에 나타나는 殺生有擇의 정신에서 생명존중사상을 발견할 수 있다.

이 있었다.60) 고대국가의 정립은 公刑罰제도의 정비를 수반하는데 死刑제도는 국가권력 강화의 측면에 기여하고 있다고 볼 수 있다. 私刑제도의 폐지를 바탕으로 하는 公刑罰제도가 필연적으로 制度殺 人이라는 死刑제도를 확대하는 방향으로 전개된 것은 文明史의 변증 법적 구조에 있어서의 Antithese라고 할 수도 있을 것이다.

한편 신라에 있어서 奴婢는 왕이 죽으면 남녀 각각 5명씩 殉葬하 였다는 기록에서 볼 때 노비의 생명권이란 생각하기 어려웠던 것 같 다.61) 俗傳에 의하면 고구려때 늙고 병든 사람을 壙中에 버려두었다 가 죽은 뒤에 장사지냈다는 高麗葬의 풍습이 전해지는데 이것은 생 명권의 시각에서 문제되고 있는 安樂死의 古代版이라 할 수 있다.62) 그러나 이 당시에 百濟에서 살인범에 대하여 살인으로 대응한 것이 아니라 노비 3명을 被害家에 넘겨주고 自贖하게 한 것이나 부인이 간통한 경우 死刑으로 다스리지 않고 남편집안의 노비로 삼았다는 기록63)은 당시의 시대정신으로 볼 때 상당히 진보된 생명권인식의 片鱗이라 할 수 있을 것이다.

---

60) 유성국, 전게 논문, 172면 이하, 197면 이하, 206면 이하 참조.
61) 구병삭, 전게서, 238면 참조. 부여에서도 왕이나 귀족계급의 葬事에 있어 이른바 繼生思想으로 말미암아 器物의 副葬과 함께 많은 노비와 우마가 殉葬되던 高麗 葬도 있었다. 한국어사전 편찬위원회 편, 「한국어 대사전」(서울: 현문사, 1976), 120면, 고려장에 대한 설명 참조. 고구려의 下戶나 삼한시대의 노예에 대해서도 마찬가지로 생명권을 사실상 기대하기 어려웠을 것으로 생각되는 것은 그들이 사회적 생산의 부품 및 재화처럼 취급되었기 때문이다.
62) 심헌섭, "안락사의 문제", 「고시연구」(1976.2.), 53면 참조.
63) 유성국, 전게 논문, 156면, 158면 참조.

6. 최초의 통일국가 통일신라와 발해의 兩國시대

　羅·唐 연합군이 차례로 백제와 고구려를 멸망시키고 이어 신라가
唐軍을 축출함으로써 한반도에 최초의 통일국가가 성립되었다(문무왕
16년, 676년). 신라의 삼국통일은 대동강과 원산만을 잇는 선 이남의
국토통일을 이룬 불완전한 통일이었다. 옛날 부여지역을 중심으로 고
구려의 장군이었던 大祚榮(高王)이 渤海(震國)를 건국함으로써 南北國
의 兩國시대가 도래하였다. 따라서 우리 헌법사의 기점을 통일신라시
대로부터 잡는 것에 대해서도 議論이 있을 수 있다.64) 하지만 통일신
라는 한국민족의 독자적인 역사발전의 터전이 되었고 통일신라의 사회
와 문화가 한국사의 주류를 형성하게 되었다는 것을 부인하기는 어렵다.
발해는 唐의 3省·6部制를 모방하여 政堂省·宣詔省·中臺省의 3省과
忠部(吏部)·仁部(戶部)·義部(禮部)·智部(兵部)·禮部(刑部)·信部(工
部)의 六典體制를 갖추고 있었다. 발해의 율령에 관한 기록은 전하지 아
니하나 唐律을 모법으로 하고 옛 高句麗律 등을 가미한 성문율령이었
을 것으로 짐작되고 있다.65) 통일신라에서는 전제적인 왕권66)의 확립
을 위하여 관료제적 정치기구가 정비되었고 지방통치조직도 정비되었
다. 정치기구가 형식상으로는 대체로 삼국시대의 것을 답습하였다고
할 수 있는데, 즉 兵部·倉部·禮部·調府·司正府·理方府 등 주요
관부들은 여전히 그대로 존속하였다. 그리고 乘部(司馭府)·船府(兵部
에서 分立)·例作府(例作典: 修例部)·領客府(倭典: 領客典: 司賓府)·
位和府(司位府: 吏部의 사무를 관장)·左右理方府(좌이방부-진덕여

---

64) 신라헌법, 신라헌정이라는 표현을 쓰는 것에 대하여는 김영호, 전게 논문, 21면,
　　36면 참조.
65) 연정열, 「한국법제사」 개정증보판(서울: 학문사, 1994), 45면, 46면 참조.
66) 王弟 등에게 특별한 사회적 의의를 인정해주던 葛文王제도가 사라진 것도 왕권
　　의 전제화의 한 단면이라 한다. 이기백, 전게서, 107면 참조.

왕, 우이방부 - 문무왕)·左右司祿舘·市典(東市典, 西市典, 南市典: 孝
昭王　4년)·典邑署(典京府)·大日任典·永昌宮城典·工匠府·彩典·
京都驛·漏刻典·六部少監典·食尺典·直徒典·古宮家典·內省(殿中
省) 등이 설치되어 왔다.67) 진덕여왕 5년에 설치된 執事部(수상: 中侍,
후에 侍中이라 함)는 귀족적인 전통보다도 왕권의 지배를 받는 행정부
적 성격의 것이었다. 각 관부의 관직체계는 令·卿·大舍·舍知·史를 기
본으로 하는 5단계 조직으로 정비되었다.68) 神文王대에 와서 비로소 吏·
戶·禮·兵·刑·工의 基幹六典體制로 정비되고 있었다. 지방통치조직은
9州밑에 郡(長: 太守)·縣·村을 두고, 5小京과 특별행정구역으로
鄕·所·部曲 등이 있었다. 州의 摠管(후에 都督이라 함)으로부터 縣令
에 이르기까지 중앙귀족이 임명되었는데 중앙통제를 위하여 上守吏제
도도 실시하였다. 軍制는 중앙의 9誓幢과 지방의 10停으로 개편되었
다. 이 밖에도 특별히 다섯 주에만 배치된 5州誓, 그리고 9州萬步幢과
三邊守 등의 군단이 있었다.69)

　律令格式을 적절히 개정하라는 文武王의 遺紹를 통하여 통일신라
의 율령제도가 정비되었을 가능성이 지적되고 있다.70) 統一新羅는
제30대 文武王대부터 제39대 昭聖王대까지의 시기로 보고 末期新羅
는 제40대 哀莊王대부터 제56대 敬順王대까지를 지칭한다. 이미 통
일전 신라에서 太宗武烈王때 唐律疏議는 물론 高句麗律 등 각국의
율령을 참고하여 개정하였다는 기록이 있지만 통일신라의 律令格式
은 文武王과 神文王 전후에 완성되었다고 볼 수 있다. 그리고 哀莊
王 5년(서기 804년) 8월에 公式 20여조를 새로 반포하였다.71) 율령

---

67) 자세한 것은 구병삭, 전게서, 179면 이하 참조.
68) 이기백, 전게서, 109면. 신라의 골품제와 관리등용법에 대해서는 조좌호, "관료
　　제의 사상적 기반", 전게 「한국사상대계 Ⅲ」, 867면 이하 참조.
69) 이상에 대해 개략적인 것은 이기백, 전게서, 109면 이하, 112면 이하; 상세한
　　내용에 대해서는 구병삭, 전게서, 184면 이하, 200면 이하 참조.
70) 이기백, 전게서, 109면 참조.
71) 연정열, 전게서, 31면 이하.

개정은 후발 고대국가인 신라가 3국을 통일함으로써 新羅律은 高句
麗律보다 비록 147년 늦게 제정되었지만 통일국가율령으로써 오랜
기간 시행되었으며 고려에까지 그 영향을 미쳤다. 왕건이 고려를 세
우고 후삼국을 재통일한 후 고려의 율령으로 泰封과 신라의 율령을
시의적절하게 가려 썼으며 이 신라율은 고려율이 제정되기 까지 계
속 고려의 율령에 높은 비중을 차지해 왔다.72)

생명권의 시각에서 이 시대에 언급될 만한 史實은 赦免을 들 수
있다고 본다. 고구려나 백제와 마찬가지로 신라에서도 종종 赦免이
내렸었다.73) 삼국통일을 완수한 문무왕 9년(669년)에 五逆罪・死罪
이외의 범인에 대해 大赦하였다는 기록74)이 있고 통일신라시대에
걸쳐 18회의 赦免이 있었다. 또한 구체적으로 문무왕 10년에 백제
독립군과 전투시 衆官 義官과 達官 興元 등이 퇴각하여 臨陣敗北罪
로 死刑에 처하여 마땅하나 왕명에 의해 赦罪한 것75)은 生死與奪權
을 가지고 있는 당시의 專制的 王權의 통치하에서 特赦76)는 광범위
한 사형제도와 관련하여 볼 때 생명권존중의 차원에서 의의가 있다
고 볼 수도 있다. 그러나 고려시대 이전까지의 사면령은 斬・絞罪를
제외하고 死罪 이하에 대해서만 그 대상으로 하였기 때문에 실질적
으로 생명권보호에 크게 기여하지는 못하였다.

---

72) 상게서, 28면.
73) 사면에 대한 최초의 기록은 고구려 琉璃王 23년(기원 4년)에 태자를 책봉한 후
    내린 大赦令의 반포를 들 수 있고, 고구려에서 10회, 백제에서 6회, 통일신라
    기간(18회)을 포함하여 신라에서 65회가 있었고 후백제에서도 神劍이 아버지인
    甄萱을 축출하고 왕권을 장악한 후에 사면령을 내리기도 하였다. 자세한 통계와
    도표에 대해서는 신호웅, 전게 「고려법제사연구」, 343면 이하 참조.
74) 자세한 것은 구병삭, 전게서, 225면 이하 참조.
75) 연정열, 전게서, 34면 참조.
76) 사면은 그 恩典혜택의 범위에 따라 大赦・常赦・曲赦・特赦로 구분된다. 신호웅,
    전게서, 350면 참조.

7. 後三國의 再統一로 맞은 최초의 單一國家,
高麗와 현존하는 最古의 成文法, 高麗律

後高句麗(摩震－泰封)를 건국한 弓裔를 축출하였던 장군들의 추대를 받아[77) 왕위에 오른 고려의 太祖 王建은 신라의 마지막 왕인 敬順王이 고려에 항복해오고, 父子之間에 紛亂이 있던 後百濟까지도 멸망시킴으로써 후삼국의 통일을 이루었다. 한편 渤海가 契丹에게 멸망한 후 大氏정권의 後渤海가 성립되었으나 列氏의 定安國으로 바뀌는 과정에서 大氏정권의 世子(大光顯: 고려에서 王繼라는 성명을 가짐)를 포함한 고구려계 지배계층 유망민을 포용함으로써 고려는 후삼국뿐만 아니라 발해의 고구려계 유민까지를 포함하는 명실공히 민족의 재통일을 이룩하게 되었다.[78)

신분제[79)귀족사회의 사회구조를 가졌던 고려의 통치제도는 이러한 사회구조를 지탱해주는 귀족적 통치기구를 가지고 있었다. 고려의 官制는 國初에는 新羅・泰封의 제도를 襲用하다가 太祖 2년(919년)에 唐의 제도를 모방하여 중앙관제를 새로 정하였다. 光宗때에 중앙집권적 정치체제의 구축이 시도되어 6대 成宗대에 와서 중국 역대왕조의 제도를 참작하여 유교정치이념에 입각한 관료체제가 편

---

77) 장군 洪儒(弘述), 裵玄慶(白玉), 申崇謙(三能山), 卜知謙(卜沙貴) 등에 의한 왕건의 옹립과 새 왕조의 창립은 無血革命으로서 한국판 名譽革命이었다고 볼 수도 있다.

78) 이기백, 전게서, 145면 참조.

79) 신라시대와는 달리 신분(文班, 武班, 南班, 軍班, 鄕吏계급, 常民계급인 白丁, 賤民계급인 奴婢)의 세습이 원칙이었지만 신분변동이 가능했다는 점에서 고려 신분제도의 특징을 찾아 볼 수 있다. 이기백, 전게서, 159면 이하 참조. 노비의 경우 一良一賤은 從良토록 한 元律과는 달리 一賤則賤의 원칙에 입각한 고려의 奴婢世傳法과, (功臣이나 5品 이상에 한정되었지만 科擧보다 중시된) 蔭敍ㆍ蔭官제도는 귀족사회의 단면을 나타내준다. 신호웅, 전게서, 253면; 연정열, 전게서, 98면; 김용태, 명형식, 나용식, 전게서, 123면 이하 참조.

성·정비되었다. 그 후 다소의 變改는 있었으나 대개 성종대의 제도를 그대로 승계하였다. 蒙古 侵入期 특히 25대 忠烈王대부터는 元의 간섭으로부터 他意的인 개혁이 있어 官制가 크게 문란했고 排蒙復舊期 즉 31대 恭愍王대부터는 구 제도로의 복귀 혹은 신 제도의 채택 등 혼란을 거듭하다가 고려조는 끝나고 있다.80)

　고려의 中央官制는 우선 國王의 顧問으로서 3師(大師·大傅·大保)와 3公(大尉(大衛)·司徒·司突)이 있고 三省으로 內史省·門下省·尙書省이 있었다. 고려의 三省은 사실상 二省으로 운영되었는데 內史·門下의 兩省을 통합하여 內史門下省(中書門下省) 또는 門下府(內議省)라고 불렀기 때문이다. 그러나 內史門下省하에서도 內史省과 門下省의 官職은 廢合하지 않고 각각 兩省의 장관인 內史令(中書令)과 門下侍中(門下侍郎)밑에 많은 관직을 倂置하였다. 忠烈王 때에는 三省을 합병하여 하나의 僉議府로 개편한 일이 있었다. 內史門下省이 정책결정기관이었다 하면 尙書省(廣評省·尙書都省·御使都省)은 정책집행기관이었는데 그 밑에 吏·兵·戶·刑·禮·工의 6部가 소속되어 있었다. 尙書 6部의 序列이 조선왕조(吏·戶·禮·兵·刑·工)와 다른 것은 고려에서는 文·武官의 인사를 담당하는 吏·兵의 兩部(兩曹)를 政曹라 하여 중요시하였기 때문이다.81) 또한 尙書 6部의 지휘·감독하에 그 소관사무를 집행하는 諸寺와, 일선 실무를 담당하는 말단관서로서 諸署, 그리고 임

80) 김용태, 명형식, 나용식, 전게서, 106면 참조. 법제사적인 시각에서 고려의 시대 구분을 4기로 나누는 견해가 있다. 즉 제1기(太祖에서부터 제3대 定宗대까지의 시기)는 過渡期的 상황으로서 泰封과 신라의 제도 및 율령 등을 당시 형편에 맞게 가려쓰던 시기이고, 제2기(제4대 光宗부터 제23대 高宗까지)는 고려의 文物制度 및 官制·律令 등이 정비된 시기이고, 제3기(제24대 元宗부터 제30대 忠定王까지)는 고려의 제도와 율령을 廢하고 元의 제도와 元律인 至元新格을 적용·시행하던 시기이며, 제4기(제31대 恭愍王부터 제34대 恭讓王까지)는 공민왕이 자주적 바탕 위에서 元의 제도와 元의 改正律인 至正條格을 廢하고 제32대 禑王대에 發議되어 제34대 恭讓王 4년에 정몽주가 고려의 실정에 맞게 至正條格과 明律을 참작하여 起草한 新定律을 시행하지 못한 채 조선왕조로 바뀌기 전까지의 시기이다. 연정열, 전게서, 53면 이하 참조.
81) 김용태, 명형식, 나용식, 전게서, 107면 이하 참조.

시로 필요에 의하여 설치 또는 폐지한 관부로서 各種 都監이 있었
다.82) 예컨대 田民辨正都監은 토지와 노비를 정리하기 위하여 임시로
설치한 기구였고 人物推辨都監(人物推考都監·會問司)은 노비의 放
良·免賤·爭訴 등을 맡아보는 임시기관이었다.83) 특히 都監들 중에서
式目都監은 초기에는 국가의 주요 법규나 儀式을 제정하는 일종의 법
제위원회와 같은 성격을 지닌 기관이었는데 忠宣王 때에는 국가의 중
대사를 논의하는 기관으로 변화되었다.84) 나아가 諸館·諸觀·閣으로
서 藝文館(翰林院)·春秋館(史館)85)·成均館(國子監86))·通文館, 書雲
觀(司天臺)·大淸觀,87) 寶文閣(淸燕閣) 등이 있었다.88)

한편 별도의 國王의 輔弼機關으로 王命의 出納·宿衛 및 軍事機密
을 담당하는 密直司(中樞院·樞密院)가 있었는데 三省(宰府)과 中樞院
(樞府)을 합칭하여 兩府라 하고 여기의 高官을 宰樞(宰臣과 樞臣)라
하였다. 宰樞의 合坐 아래 국가의 중대사를 합의·결정하는 최고의 政
務機關으로서 都評議使司(都兵馬使·都堂)가 있었다. 초기에는 兩界兵
馬使를 지휘·통제하는 일종의 군사위원회와 같은 성격의 기관이었으
나 정무기관으로 변하였다. 그 밖에도 재정의 통제기관으로서 三司(都
正司), 경찰기관으로서 巡軍府(巡軍萬戶府·司平巡衛府)가 있었고 감

---

82) 명칭과 관장사항에 대해 자세한 것은, 상게서, 112면, 113면 이하 참조. 아울러
　　諸倉, 諸庫, 各色, 諸房, 諸寶 및 宮中官署에 대해서도, 상게서, 114면 이하 참조.
83) 이정규, 전게서, 144면 이하.
84) 김용태, 명형식, 나용식, 전게서, 110면.
85) 忠宣王 때 藝文館과 春秋館을 합하여 藝文春秋館으로 구성한 일이 있었다 한다.
　　이정규, 전게서, 139면 이하 참조.
86) 국자감의 명칭은 성종·문종 때에는 國子監, 충렬왕 때에는 國學－成均監－成均
　　館, 공민왕 때에는 國子監－成均館으로 변천하였다. 상게서, 142면, 주 483) 참조.
87) 軍旗의 藏守를 관장하는 관서이다.
88) 김용태, 명형식, 나용식, 전게서, 111면 이하 참조. 한편 諸館殿으로 文館과 弘
　　文館, 修文館(文德殿)과 集賢殿(延英殿), 右文館, 進賢館 등을 총합하여 분류하는
　　입장도 있다. 이 기관들은 세부적으로는 약간의 차이가 있으나 國王의 측근에서
　　學問의 硏究와 書籍의 編輯 등을 담당하는 文翰機關 겸 侍從機關이었다 한다.
　　이정규, 전게서, 141면 참조.

찰기관으로서 司憲府(御史臺・司憲臺・監察司)가 있었다. 司憲府는 內
史門下省 소속의 郎舍와 더불어(臺省이라 合稱함) 관리임명이나 법의
개폐시에 이것을 심사・동의하는 署經의 권한을 가지고 있었다.

　고려의 地方官制는 전국이 5道・兩界・4都護府・8牧・15府・129
郡・335縣으로 나누어져 있었고 특별행정구역으로 鄕・所・部曲 등이
있었다.89) 말단 행정단위로는 村과 五保90)가 있었다. 鎭은 특별한 지
역(西海道)을 제외하고는 모두 東北의 兩界에만 설정되어 있었다. 그리
고 三京으로서 西京(평양)・東京(경주)・南京(한양: 楊州)이 있었다.91)
모든 지방행정단위에는 中央官이 外官으로서 파견되었는데 이 外官 외
에도 行政兵馬使・轉運使・按撫使(巡撫使)・監倉使・廉問使・勸農使・
計點使・指揮使・節制使・都統使 등의 諸使가 있었다.92) 그리고 事審
官제도와 其人제도가 있었다.93) 고려의 軍制는 중앙군으로서 京軍,94)

---

89) 國初에는 太祖 23년(940년)에 지방의 州・郡・縣의 칭호를 고치고 임시파견관인
　　今有・租藏과 轉運使를 두었을 뿐 지방행정은 대개 그 지방의 호족들에게 일임
　　하고 있었다. 成宗 2년(983년)에 12牧을 설치하여 今有・租藏의 제도를 폐지하
　　고 동 14년(995년)에 전국을 10道로 나누고 12州에 節度使를 두었으며 顯宗시
　　에 전국을 5道・兩界로 나누어 그 밑에 4都護府・8牧을 두어 대개 麗末까지 유
　　지되었다. 김용태, 명형식, 나용식, 전게서, 116면 참조.

90) 五保는 五戶로서 편성된 自衛的・共同的 규찰기관이었으며 자치적 행정구획의
　　단위였다. 五保 안에는 保首가 있어서 村長, 村正 등의 지휘・감독을 받아서 담
　　당한 사무를 집행하였다. 이 五保制는 後日의 統戶制의 先驅가 되었던 것이다.
　　자세한 것은 이정규, 전게서, 154면 이하 참조.

91) 太祖때에는 京이 中京・西京의 二京이었으며 成宗과 文宗때에 東京과 南京이 생
　　겨 4京이 되었다. 中京은 首都(開京)로서 成宗때에는 唐에서와 같이 赤縣(6)과
　　畿縣(7)의 제도를 설치하였으나 顯宗때에 赤縣과 畿縣의 형식이 거의 없어지고
　　京畿의 제도를 책정하였다. 西京은 역사적・정치적・국방상의 이유로 留守京으
　　로 설정되었는데 서경의 관부와 관리의 명칭 및 사무가 중앙의 기구와 거의 같
　　았고 하나의 특수한 자치적 기구로 되어 西京制를 이루고 있었다. 자세한 것은
　　상게서, 146면 이하 참조.

92) 자세한 것은 김용태, 명형식, 나용식, 전게서, 117면 이하 참조.

93) 事審官은 太祖가 金傅에게 경주의 사심관으로 책봉한 것이 시초였다. 사심관은
　　모든 鄕職을 감찰 내지 통제하는 특수기관이었으며 지방자치제의 일종이었다고
　　할 수 있다. 사심관의 요건은 顯宗과 仁宗대를 거치면서 보다 엄격해졌는데 특
　　기할 만한 것은 형식적 요건으로 먼저 일반 人民의 選擧에 의거하였다는 것을
　　들 수 있다. 其人은 地方鄕吏의 子弟를 선택하여 중앙정부의 人質로 하여 당해

지방군으로서 州縣軍(州鎭軍),95) 특수군으로서 光軍·別武班·五軍96)
등이 있었다. 한편 항몽세력의 중심부대였던 三別抄(左別抄·右別抄·
神義軍)는 특수군이 아니라 원래 夜別抄·馬別抄(騎兵: 儀仗담당)로부
터 출발한 崔氏 武人政權의 私兵이었다.

高麗律의 法源은 全文 71조(律文 69개조와 令 2개조)로 된 高麗律
과 역대 諸王의 敎, 旨, 判과 각 司의 格, 式, 榜, 狀 및 禁令 등의 성문
법과 慣習律令의 불문법으로 구성되어 있다.97) 성문법으로서 고려율

지방의 사정에 관한 顧問 또는 擔任者로 이용하는 제도였다. 이것은 신라의 上
守吏制에서 유래하였지만 향리 本人이 아니라 그 子弟를 인질로 삼은 점에 차
이점이 있다. 자세한 것은 이정규, 전게서, 155면 이하 참조.

94) 京軍은 2軍·6衛로 구성되었는데 鷹揚軍과 龍虎軍의 2軍은 國王의 親衛軍이고,
6衛 중 左右衛·神虎衛·興威衛의 3衛는 開京의 守備와 防戍의 임무를 맡고 金
吾衛는 경찰, 千牛衛는 儀仗, 監門衛는 궁성내외의 諸門의 守衛임무를 담당하였
다. 2군·6위의 지휘관들인 上·大將軍들의 회의기관으로서 都房과 그 하위단위
인 領의 지휘관들인 將軍들의 회의기관으로서 將軍房이 있었다. 이기백, 전게서,
165면 참조.

95) 兩界州鎭軍에는 屯田兵的인 常備軍으로서 西京을 비롯한 府·州·縣·鎭 84개
소(北界 46개소, 東界 38개소)에 배치된 精勇·抄軍·左軍·右軍·保昌 등의 부
대가 있었으며, 京畿·5道의 州縣軍에는 保勝·精勇·一品의 부대가 있었다. 兩
界州進軍은 兵馬使가 南道州縣軍은 按廉使가 각기 통솔하였다. 김용태, 명형식,
나용식, 전게서, 126면 이하 참조.

96) 光軍이란 定宗 2년에 거란의 침범에 대비하여 군사 30만을 선발하여 조직한 예
비군단격인 특수군이며 관할기관으로 光軍司를 두었다. 이 광군사는 光軍都監으
로 개칭되었다가 顯宗 2년(1012년)에 다시 광군사로 호칭되었다. 그러나 광군은
靖宗때 국자감 諸業學生으로 성적불량자를 광군에 충당하면서부터 변질되어 文
宗때에는 有蔭奇光軍 또는 四面奇光軍이라 하여 하급 양반관리의 자제에 대한
특전을 주기 위한 기관으로 전락되었다.
　別武班이란 여진정벌을 위해 肅宗 9년(1104년)에 설치한 특수군으로 尹瓘의
奏請에 의하여 설치하게 된 것이다. 이 별무반은 神步(步兵)·神騎(騎兵)·降魔
軍(僧兵)의 3부문으로 편성되었으며 兩班·僧侶·吏胥·商賈·奴僕 등 각 신분
층을 망라하여 조직한 거국적인 특수부대였다.
　五軍은 전시에 편성되는 특수군단으로 中軍·前軍·後軍·左軍·右軍으로 조
직되는데 여기의 중심부대는 中軍으로서 神步·石投·大角·鐵水·發火·跳盪·
剛弩 등의 전위부대가 있었다. 전군·후군·좌군·우군에도 神騎·神步·精弩
등의 단위부대가 있었다. 상게서, 127면 이하 참조.

97) 이와 같이 法源으로서 성문법과 불문법으로 가름한 것은 唐律에서 기인된 것이라
한다. 연정열, 전게서, 50면 참조. 고려율이 내포하고 있는 儒家법률사상, 法家법
률사상, 原始法律사상에 대해서는 송두용, "高麗律의 思想的 性格," 전게「한국사

은 현존하는 가장 오래된 율령이다. 고려율은 신라율과 조선의 율령을 잇는 교량적 위치에 있다. 李太祖가 朝鮮을 건국한 후 조선의 율령으로 明律을 依用하여 시행했는데 조선에서 明律을 그대로 적용할 때 맞지 않는 부분은 고려율을 補充的으로 시행하였다. 고려는 사회적으로 볼 때는 불교가 국교적 차원에 있었으나 정치적으로는 유교적 통치체제를 기본으로 하고 있었다. 따라서 통치의 기본인 율령법체계가 확립되어야 하는데 고려는 주로 唐律을 계수하여 刑律을 시행하였다. 罪刑法定主義는 생명권을 포함한 신체의 자유의 헌법상의 기속원리라 할 수 있는데 罪刑을 法定한 성문화된 법전인 唐律疏議에서 죄형법정주의가 형식상으로 채택되고 있다. 즉 辟以之辟이라는 一般豫防主義에 입각한 唐律疏議는 券六 名例 篇에서 「斷罪無正條」라 하여 유추해석권을 용인하였다. 그러나 죄형법정주의의 파생원칙인 法律不遡及의 원칙은 유지되고 있었다.98) 고려율은 후에 宋刑統과 宋令, 宋의 勅을 계수하였다. 고려율은 필요에 따라 王法인 判·制·敎·旨·令·詔에 의하여 통치하고 따라서 기본법전인 律典 없이 단일왕법으로 통치하였는데 법적 안정성을 결한 고려 말기에는 高麗公事三日이라는 속담이 생겨나기도 하였다. 정리하여 말하면 고려시대는 唐·宋의 율령을 부분적으로 계수하였지만 전통적인 율령제 국가가 아니라 단일 왕법에 의하여 율령에 대신하는 王法國家이었다.99)

왕조헌법시대의 출발점으로서 고려시대를 한국헌법사의 기점으로

상대계 Ⅲ」, 533면 이하 참조.

98) 연정열, 전게서, 55면 이하 참조.

99) 고려시대 개인이 편찬한 법령편람과 같은 성격의 법령집으로 「判案」,「式目編錄」, 「儀式條令」의 법령집 이름이 전해지고 있다. 고려 말기에 율령체제의 복귀운동이 일어나 우왕 3년(1377년)에 모든 형사재판을 元의 至正條格에 따르도록 하였고 1388년에 典法司는 明律과 元의 議刑易覽을 참작하여 율전을 새로 제정할 것을 건의하였다. 고려 최후의 해인 1392년에는 정몽주가 고려의 법령과 元의 至正條格 및 明律을 참작하여 新定律을 만들었는데 이것은 시행해보지 못한 私法典으로서 우리 역사상 최초의 私撰法律書이다. 박병호, 전게서, 32면 이하 참조. 고려에서 元의 至正條格의 적용과정에 대해서는 연정열, 전게서, 95면 이하 참조.

잡는 데 긍정될 수 있는 점이 많이 있으나 근대 입헌주의 헌법을 염두에 둘 때는 議論이 있을 수 있다. 고려시대에 헌법사의 시각에서 최초의 欽定憲法으로 거론될 소지가 있는 것이 태조 왕건의 訓要十條이다.100) 이것은 國是를 정립하고 治世의 基本을 정한 것으로 그 欽定憲法性을 일응 긍정할 만하다. 훈요십조는 前文인 信書와 10조로 구성되어 있는데 제1·2조는 불교 및 지리도참설에 관한 것으로 불교를 國敎 차원으로 끌어올려 護國佛敎로 중시하라는 것이고 제3조는 왕위계승순위를 규정하고 제4조는 남의 나라 풍속을 본따지 말라는 문물·제도의 주체성에 관한 것이고 제5조는 西京에 관한 것이다. 제6조는 燃燈과 八關의 경축일에 관한 것이고 제7조는 왕과 통치관료와 백성의 관계에 관한 것이며 제8조는 옛 백제 사람들을 등용하지 말라는 것이고 제9조는 재정과 국방에 관한 것이며 제10조는 「훈요」 자체의 중요성을 강조한 것이다.

　이상에서 보는 바와 같이 왕조국가의 기본적인 治政에 관해 언급된 편린들이 있으나 규범수신인이 후대 왕손에 국한되는 점을 생각할 때에 高麗國祖가 훈교목적을 위해 遺訓한 단순한 遺言錄으로 보는 것이 사실에 가장 적합한 것 같다.101)

　고려시대에 생명권의 시각에서 검토의 여지가 있는 것은 사형제도

---

100) 태조가 세상을 떠나기 한 달 전인 943년 4월(태조 26년) 內殿에서 大匡 朴述希(朴述熙)에게 口授한 것이다. 자세한 내용에 대해서는 이선근, 「대한국사 제2권: 통일조국의 형성, 후삼국－고려 예종」(서울: 신태양사, 1973), 67면 이하 참조. 十訓要의 來歷과 眞僞문제 및 다각도의 구체적인 내용분석과 태조 왕건의 정치사상의 논술에 대하여는 김성준, "十訓要와 고려 태조의 정치사상", 전게 「한국사상대계 Ⅲ」, 61면 이하 참조.

101) 훈요십조가 일반 신민에게 내린 詔書와 같은 것이 아니고 왕실의 秘藏으로서 嗣王이 相傳하는 家戒的 성격을 가진다고 보는 것이 역사학계의 다수설로 보이나, 고려창건을 분권적 독립세력을 이루고 있었던 호족들의 연합국가로 보는 시각에서 그리고 化家爲國의 봉건적 왕권국가를 내다볼 때 왕실적인 이데올로기와 국가적인 이데올로기를 서로 구분하기 어려운 것이므로 통일 직후에 반포된 政誡와 誡百寮書가 신민에 내린 訓書라고 한다면 훈요십조는 태조의 정치와 사상을 집약한 政書라는 견해가 있다. 김성준, 상게 논문, 71면, 62면 참조.

와 사면제도에 대한 것이다. 이 시대에 사형은 大辟이라고도 하는데
五刑 중에서 가장 무거운 刑이다. 사형의 방법으로는 絞刑과 斬刑이
있었다. 사형에 贖銅罪(120斤)가 설정되었는데 이것은 실제와는 달리
唐律의 형식적 採入에 지나지 않는다고 한다.102) 고려전기에 집행된
사형은 高麗史 등에 모두 24건의 기록이 있는데 謀反 또는 謀叛罪로
서 처형된 것이 전체의 62.5%를 차지하고 있다.103) 당연히 있을 수
없는 일로 생각해서 唐律과 달리 고려율에서는 父母의 謀殺에 대해서
는 조문 그 자체가 규정되어 있지 않다. 그러나 周親尊長(伯叔父母나
兄妹)의 謀殺행위와 毆祖父母·父母者도 참형에 처해진 것이기 때문
에 親弑에도 유추해석을 적용하여 斬刑에 처하게 되는 것이다.104) 妻
妾이 夫의 祖父母와 父母를 구타하면 絞刑, 치상이면 斬刑에 처했다.
伯叔父母, 外祖父母를 折傷·致死한 경우와 堂兄妹를 두 번 이상 상
해를 입히거나 緦麻兄妹를 구타하여 치사케 한 경우도 사형에 처했
다. 道師, 女冠, 僧尼로서 師主를 살해할 것을 도모할 때에도 백숙부
모의 경우와 같다. 部曲人 및 奴婢가 주인 또는 주인의 周親(近親)의
尊長을 姦犯하였을 때에는 和姦·强姦을 불문하고 사형에 처했다. 父
祖의 妾·伯叔母·姑母·姉妹子孫의 婦·兄弟의 딸을 姦하면 和姦·
强姦을 불문하고 사형에 처했다. 周親의 尊長과 外祖父母 및 夫婦의
父母의 살해미수의 경우에도 사형에 처했다.105) 大功(9개월 동안 服
을 입어야 하는 親族: 從兄弟姉妹·衆子婦·衆孫·衆孫女·姪婦·남
편의 祖父母와 伯叔父母 등)의 尊長의 살인행위에 착수했으나 상해에
그친 경우 및 살해의 결과가 발생한 경우에도 사형에 처했고 小功(5
개월 동안 복을 입어야 하는 親族: 從祖父母·再從兄弟·從姪·從孫

102) 신호웅, 전게서, 266면 참조.
103) 고려 전기의 사형의 집행실태에 대해 자세한 도표적 설명에 대해서는 신호웅,
상게서, 267면 참조.
104) 상게서, 268면 참조.
105) 김용태, 명형식, 나용식, 전게서, 158면 참조.

등)과 緦麻(3개월 동안 服을 입어야 하는 親族: 從曾祖·三從兄弟·衆曾孫·衆玄孫 등)의 尊長을 살해하려고 한 경우도 동일했다. 大功 이하 緦麻 이상의 卑幼를 살해한 경우와 夫가 妻를 폭행치사케 하거나 고의로 살해하였을 경우에도 사형에 처했다.106) 또한 毆兄弟하여 重傷害나 치사케 한 경우나 毆妻妾하여 치사케 한 경우에도 사형에 처했다. 나아가 조부모와 부모를 告發한 경우에도 사형에 처했다. 고의로 타인의 居舍와 蠶箔과 五穀을 적재한 것을 태운 자는 그 首魁만을 사형에 처했다.107) 절도의 경우 五貫 이상에 달하면 사형에 처하고 恐嚇로 재물을 20匹 이상 취한 首魁는 역시 사형에 처하며 奸非라 하여 도덕적 淸潔을 害하는 경우 사형에 처하는 경우가 많다.108) 관리의 범죄 중 受賂額 15匹 이상의 뇌물죄는 사형을 科하여 峻刑으로 다스렸다. 군형법상에 斬刑에 처하는 죄로는 發兵시 期日에 입영하지 않은 죄를 비롯하여 13가지의 罪目이 있다.109) 사형의 판결에는 3審制가 운영되고 있었다. 2심까지는 刑部에서 하고 3심은 국왕과 신하의 합의제로 결정하였다. 여말의 기록에 의하면 大辟은 장군이 임전한 때를 제외하고는 관할 守令→都觀察使→典法司→都評議使→王→典法司·집행의 단계를 거치고 있다. 惡逆의 범죄를 제외하고 獄官令을 상고하면 立春부터 秋分까지는 사형을 奏決하지 못하며 밤에는 사람을 처형하지 못하게 하였다.110) 惡逆이 아닌 이상 死罪를 범한 자가 옥중에서 父母·夫·祖父母·承重의 喪을 당하면 7일간의 發哀의 給暇를 허용하였다. 死罪를 범하여 옥중에 있는 婦人이 産月에 이르면 滿 20일의 歸休를 허용하였다. 그러나 喪中給暇와 臨産歸休의 이 두 가지의 恤刑제도에 있어서는 각각 責保乃至, 責保聽出이라 하여

106) 상게서, 160면 이하 참조.
107) 이상에 대해서는 상게서, 162면, 163면, 166면 참조.
108) 이수성, "사형폐지론 소고," 서울대 「법학」(1972), 58면 참조.
109) 자세한 것은, 김용태, 명형식, 나용식, 전게서, 156면, 167면 이하 참조.
110) 신호웅, 전게서, 271면 참조.

출옥시에 保證人을 세웠다.111)

斬罪者를 免死할 때에는 脊杖 50대를 치고 絞罪者를 免死할 때에
는 脊杖 40대를 치고 그 脊杖刑이 끝나면 付處시킨다. 「의심스러울
때는 피고인의 이익으로(in dubio pro reo)」라는 法諺과 같이 德宗때
에는 「죄가 의심스러운 경우에는 가벼운 형을 따르도록」 명령하여
京城에서 死罪가 감면된 자가 69명이나 되었다고 한다. 사형수가 사
면을 받을 경우 斬罪는 무인도로 絞罪는 유인도로 유배되었는데 위
에서 언급한 바와 같이 脊杖刑이 加되는 것이 보통이었다.112) 형사
절차상에 있어서는 제척・기피제도에 해당하는 相避제도와 訊鞫과정
의 公正을 위한 三員訊囚法을 시행한 것이 특기할 만하다.113)

고려시대에 와서도 죄인에 대한 恩赦는 삼국시대와 마찬가지로 盧
囚(錄囚)와 赦・大赦・曲赦・方面・釋放・赦免・宥赦・赦宥・宥免 등
이 있었다. 전자는 단순히 죄수를 보살펴 주는 것이며 후자는 감형 또
는 석방을 통해 법률상의 효력에 변동을 가져오는 것이다.114) 국가적
행사와 왕실의 경사 및 천재지변이 사면반포의 주요 동기였다.115) 惡
逆이나 不孝 등의 내용을 포괄하고 있는 十惡罪를 범한 자는 대개 사
면의 대상에서 제외되는 常赦不免者였다.116) 事例上 사면제외 범죄로
서 不忠・不孝者, 坐贓・奸盜, 노비가 상전을 거역한 자, 謀故劫殺罪를
범한 자, 詔曲奸邪, 死罪再犯者와 謀亂國家, 殺人强盜, 鈒面充常戶 등
이 언급되고 있다.117) 특히 당시 불효자의 사면은 오히려 재화를 초래
한다고 하여 불효죄는 天地에서 용납하지 못할 죄로 인식되었다.118)

111) 김용태, 명형식, 나용식, 전게서, 174면 이하 참조.
112) 신호웅, 전게서, 272면 참조.
113) 자세한 것은 김용태, 명형식, 나용식, 전게서, 170면 이하 참조.
114) 신호웅, 전게서, 352면.
115) 사면사유와 자세한 통계에 대해서는, 유성국, "전통적 유교사회의 사면제도에
    관한 연구", 연세대학교 대학원 박사학위논문(97. 2.), 185면 이하 참조.
116) 구체적인 사면 내용에 대해서는 신호웅, 전게서, 370면, (표-7)참조.
117) 상게서, 371면 이하 참조.

국왕이 내린 赦免教書는 하루 5백리씩 가도록 되어 있으며 赦書가 전해지면 赦免의 집행은 京中에서는 尙書刑部가, 外方에서는 西京留守, 兩界兵馬使, 諸道按廉使가 실시하였다.119) 빈번한 사면의 반포로 때로는 獄空현상이 발생하기도 했는데 당시에 獄空현상은 치자의 입장에서는 仁政의 표징으로 되었기 때문에 사면남발이 초래되기도 하여 識者는 獄空을 譏笑하였다. 따라서 공양왕 3년(1391년)에 政堂文學 鄭道傳은 "赦免이라는 것은 姦人에게는 幸이고 善良한 백성에게는 賊이다"라고 갈파하였다 한다.120)

이상에서 논술한 고려시대의 사형제도와 사면제도를 조망해 볼 때 그것은 전제적 왕정질서, 사회적 신분질서, 가족질서, 윤리질서를 유지하기 위한 치자의 도구로서 기능하였다. 사형제도는 광범위한 연좌제도(血緣緣坐, 地緣連坐, 職務上 連坐)와 결부되어 강력한 威嚇的 효력을 발휘하였다. 사면제도도 사면의 범위가 前時代보다 확대되어 생명권의 보호에 어느 정도 기여를 하고 있지만 기본적으로 정치적 목적의 恩赦的인 바탕에서 벗어날 수 없었다. 생명이 모든 질서의 출발점이라는 인식보다는 질서와 생명이라는 대립구조에서 질서를 위해서는 생명박탈이 가장 효과적인 수단이라는 인식하에 있었다고 볼 수 있다. 고려가 유교정치사상의 전개에 따른 天人合一觀에 기반을 두고 있지만 왕권중심의 귀족국가에서 치자의 목적이 관철되는 한도 내에서의 人道的 配慮만이 생명의 尊貴性을 돌아보게 하고 있는 것이다. 여기에 바로 왕권통치사상과 유교적인 시대이념의 중세

---

118) 불효를 저지른 자는 사면의 혜택은 물론이고 恤刑의 대상에서도 제외되었을 뿐만 아니라 그 자손에게까지 과거응시자격과 과거준비를 위한 예비과정인 국자학에 입학할 수 없는 등 國制上의 어떠한 특권이 주어지는 기회가 영구히 박탈되었다. 신호웅, 상게서, 372면, 380면 이하 참조. 효윤리의 법규범화와 불효죄에 대한 자세한 설명에 대해서는 박병호, 전게 「근세의 법과 법사상」, 507면 이하 참조.
119) 상게서, 365면 참조.
120) 상게서, 378면 이하 참조.

적인 한계가 놓여 있는 것이다.

8. 軍事쿠데타와 段階的인 政權簒奪에 의한
易姓革命과 朝鮮의 건국 및 統一法典時代

고려왕조의 말기적 제현상이 노출되는 과정에서 권문세가 출신의
최영과 신흥사대부 출신의 이성계의 2대 軍閥이 형성되었다. 국내외
적인 정세판단능력에서 우위를 점했던 이성계는 征明[121]의 4不可論
을 주장하였고 위화도회군으로 木子得國의 민심을 등에 업고 군사쿠
데타를 일으켜 반대파를 숙정하고 禑王을 폐위하였다. 조민수, 이색
등에 의해 마지못해 昌王을 옹립하였으나 명 태조의 칙명을 사칭하
여 廢假立眞을 주장함으로써 창왕을 폐하고 恭讓王을 옹립하였다.
이어 曺敏修, 李穡 등의 반대세력도 숙청하고 우왕(당시 25세)과 창
왕(당시 10세)을 庶人으로 강등하였다가 이내 西鈞衡과 柳珣를 통하
여 각각 살해하고 이성계는 領經筵事→都總中外軍事→三軍都摠制使
로 되어 정치·군사 양면의 대권을 장악하여 尹彝·李初의 獄을 계
기로 3차의 숙정을 가하고 전제개혁을 단행하여 科田法을 공포하였
다. 이성계와 정몽주의 권력투쟁과정에서 정몽주가 擊殺되자 이성계
일파는 공양왕의 讓位를 강요하여 1392년 7월 17일 開京 壽昌宮에
서 왕위에 오르니 단계적 정권찬탈과정의 완성인 易姓革命이 성공하

---

121) 공민왕의 反元·親明정책과, 恭愍王弑害사건과 明使殺害사건에 결부된 親元派
    와 親明派의 대립 및 明에 의한 고려의 逼迫, 요동정벌의 攻遼계획에 이르게
    된 내력 등 정치·외교관계의 측면에서 고려말의 元·明관계에 대한 자세한
    설명은 김성준, 전게 「한국중세정치법제사 연구」, 188면 이하 참조.

기에 이르게 된 것이다.122)

일반적으로 조선123)왕조는 정치・경제・사회・문화의 혁명적 개혁
이 없는 역성혁명에 의한 건국이라고 규정되고 있다. 따라서 태조 이
성계는 儀章과 法制도 前朝의 故事에 따른다고 선언하여 태조 즉위 직
후에 공포한 관제는 고려조와 동일하여 중앙의 最高政務는 都評議使
司・門下府・三司・中樞院 등이 담당하였으며 六曹는 단지 실무를 집
행하는 기관에 불과하였다. 정종 2년(1400년), 태종 원년(1401년), 태
종 5년(1405년)에 각각 1・2・3차의 관제의 대개혁을 비롯하여 태종
조에는 그 후에도 몇 번의 개혁이 있다가 세조 12년(1466년)의 대개혁
이후 經國大典이 이루어지면서 官制도 대략 고정되었다. 이 당시 관제
개혁에 있어서 왕의 親政體制, 議政府 및 왕권의 政務에 관련된 부속
기관, 6曹의 관계정립이라는 함수관계가 관제변화의 動因이었다(6曹直
啓制, 6曹體制). 조선왕조의 관제는 경국대전에 의하여 확정된 후 다소
의 改廢가 있었으나 고종 31년(1884년)의 갑오개혁에 이를 때까지 대
체로 큰 變改 없이 조선조 全期에 걸쳐 유지되었다. 조선조의 관제는
크게 文班(東班)과 武班(西班)으로 나누고 文・武班을 각각 京官職(중
앙직)과 外官職(지방직)으로 나누었다.124) 중앙관제를 一瞥해 보면 최

---

122) 자세한 것에 대해서는 이선근, 「대한국사 제3권: 민족의 대항전, 인종−고려말」,
347면 이하 참조.

123) 이성계는 王位에 오른 후 國號를 아직 高麗 그대로 쓰고 있다가 中樞院使 趙琳
을 權知高麗國事라는 신분으로 明太祖에 보내 새로운 왕조의 수립을 고지하고
그 승인과 국호의 개정을 요구하고, 다시 密直司事 韓尙質을 보내 朝鮮이라는
명칭과 이성계의 출생지인 永興의 별칭을 딴 和寧 중에서 擇定해 달라고 요구하
자 명태조가 이를 간택하여 국호가 조선으로 정해졌다(1393년 2월 15일부터 새
로운 국호사용: 태조 2년). 그러나 명나라에서 조선국왕의 誥命 및 印信을 보내
온 것은 조선왕조가 수립된 지 8년만인 1401년(태종 원년) 6월의 일이다. 자세
한 來歷에 대해서는 이선근, 「대한국사, 제4권 조선왕조의 창업: 이태조−선조초
기)」(서울: 신태양사, 1973), 12면 이하 참조. 고려에서는 왕명을 표현하는데
勅・詔 등의 용어를 사용했으나 중국황제의 冊封을 받아 諸侯의 대우를 받던 조
선왕조에서는 그러한 용어 대신에 判(判旨・條例)・制・教(命・命令・傳旨・受
教) 등의 표현을 썼다. 서일교, 「조선왕조 형사제도의 연구」(서울: 박영사,
1968), 18면 참조.

고관서로 議政府125)가 있고 그 밑에 일반 정무를 分掌하는 6曹와 왕의
비서기관인 承政院(政院, 喉院, 銀臺, 代言司 등으로 別稱됨), 왕의 자
문기관인 弘文館(玉堂이라고도 함),126) 특별재판소격인 義禁府,127) 감
찰기관인 司憲府(憲府 · 柏府 · 霜臺 · 烏臺 · 御史臺 · 監察司 등으로 별
칭됨),128) 諫諍기관인 司諫院129) 등의 주요관서를 두었다.130) 正二品

---

124) 이상에 대해서 자세한 것은 김용태, 명형식, 나용식, 전게서, 187면 이하 참조.
125) 중종때 三浦倭亂의 대책으로 설치한 후 戰時에만 임시로 두었다가 명종 10년
(1555년)에 상설기관으로 설치된 備邊司가 議政府를 대신하여 국정운영의 실
권을 가지기도 하였다. 국내외의 軍務를 총괄하던 최고군사기관인 備邊司는 備
局 · 籌司라고도 하는데 처음에는 議政府의 3議政을 都提調(正 1)로 하고 변방
사정에 밝은 武臣을 提調(從 2)로 하여 변방의 군사사무를 처리하는 官司였으
나 임진왜란 · 정유재란 이후에는 判書 이하의 중앙관서의 관원을 提調로 임명
하여 최고정책기관으로서 정치의 중추기관이 되었다. 이것은 고종2년(1865년)
에 폐지되었다. 상게서, 190면 참조.
126) 弘文館의 구성원인 校理 · 修撰을 임명하는 경우 2차에 걸친 선임절차를 기록
하는 문서를 都堂錄이라 한다.
127) 義禁府는 고려의 巡軍萬戶府의 後身으로 巡衛府 · 義勇巡禁司 등의 명칭으로 불
리우다가 태종 14년(1414)에 義禁府라 칭하게 되었다. 조선왕조에 있어서 刑政
官署는 法司라고 하였는데 중앙의 형정관서에는 司憲府 · 義禁府 · 刑曹 · 漢城府
와 掌隷院이 있었다. 특히 司憲府 · 刑曹 및 漢城府를 三法司라 한다. 지방의
刑政은 觀察使와 守令이 관장하였다. 義禁府는 왕의 敎旨를 받들어서만 開廷되
는 특별재판기관으로서 왕족의 범죄, 관리로서 官規를 문란하게 한 자, 國事犯,
謀逆罪 및 叛逆罪 등에 관한 사건, 邪敎에 관한 禁令에 위반한 자, 常人의 왕
실 · 왕족에 대한 범죄사건, 司憲府가 탄핵한 사건, 綱常에 관한 범죄사건 등을
관장하였다. 漢城府는 首都의 일반사건에 관한 사무를 관장하였다. 상게서, 232
면 이하 참조. 죄인의 구금시설로서 典獄署와 의금부의 부속옥사로서 巡禁司獄
(禁府獄)이 있었고 直囚諸司로서 병조 · 사간원 · 비변사 · 포도청 등도 각기 그
권한에 따라 범인체포권을 보유하고 있었으므로 獄舍를 부설하고 있었다. 또한
宮中의 有罪者를 囚禁하는 內需司獄이 있었다. 위의 옥사 중 단순 구치장 정도
의 시설이 아니고 옥사의 정식 형태를 갖춘 것으로 左 · 右捕盜廳의 부속옥사
인데 이를 左獄 · 右獄이라 俗稱하였다 한다. 조선왕조 말기의 사법기관으로
1984년 7월에 法務衙門 소속으로 義禁司를 두었고 이것은 동년 12월에 法務衙
門權設裁判所로 개칭되었다. 그리고 警務廳을 두었다. 1895년 법률 제1호로 裁
判所構成法을 제정하고 1899년 법률 제3호로써 同法을 개정하였으며 법원으로
地方裁判所(平壤市 · 各 道 · 濟州牧) · 漢城府 및 各開港市場裁判所 · 巡廻裁判
所 · 平理院(이전의 高等裁判所) · 特別法院 · 陸軍法院 등이 있었다. 서일교, 전
게서, 14면 이하; 보다 자세한 내용에 대해서는 김병화, 전게 「한국사법사(중세
편)」, 20면 이하 참조.
128) 司憲府는 관장사무가 주로 관료의 紀綱糾察이었으므로 재판기관도 아니고 그렇

衙門인 吏・戶・禮・兵・刑・工의 6曹에는 각 曹마다 그밑에 郎官이 주관하는 司(지금의 課에 해당한 듯)를 두어 사무를 분담케 하였다. 또한 태종 5년에 실무담당관서로 6曹屬衙門을 두었다.131) 지방행정구역은 경국대전에 의하면 전국을 8道(경기・충청・경상・전라・황해・강원・평안・永安(함경))로 나누고 그 밑에 4府・4大都護府・20牧・44都護府・82郡・175縣이 있었으나 太宗 때의 개혁으로 8道・7府・20牧・44都護府・73郡・154縣으로 되었다. 道의 지방관을 觀察使(方伯, 監司: 觀察黜陟使・都觀察黜陟使・巡按使・安廉使・安廉都觀察黜陟

다고 엄밀한 의미의 형사검찰기관도 아니었다. 사헌부는 또한 司諫院과 함께 署經의 업무를 맡고 있었는데 署經이라 함은 堂下官의 官員의 임명이 있을 때 吏曹와 兵曹에서 職을 받을 사람의 門閥・履歷・內外 4祖(父・祖父・曾祖・外祖)와 妻의 4祖를 기록하여 사헌부・사간원에 제출하면 兩司에서는 이를 심사하여 결점이 없다고 판명되면 兩司의 臺諫들이 모두 서명하여 동의하는 것을 말한다. 김용태, 명형식, 나용식, 전게서, 189면, 주 661) 참조; 고려시대에는 서경을 一品 이하 全官品에 걸쳐서 행하였지만 왕권강화와 결부되어 있는 측면이 있는 官敎法의 署經이 행해졌는데 조선 초기의 告身署經에 있어서 官敎法(官敎와 敎牒)의 정립과정에 대해서는 김성준, 전게서, 405면 이하 참조.

129) 諫諍의 방법으로 사헌부와 합의해서 하는 경우(兩司合啓), 사헌부와 홍문관과 합의해서 하는 경우(三司合啓)가 있는데 그래도 국왕이 따르지 않는 경우에는 兩司 또는 三司의 官員이 모두 闕門에 進伏하여 간청하는 경우(合司伏閤)가 있다. 김용태, 명형식, 나용식, 전게서, 196면 참조.

130) 상게서, 189면 참조.

131) 吏曹에는 司로서 文選司・考勳司・考功司가 있었고 屬衙門으로 忠翊府・內侍府・尙瑞院・宗簿寺・司饔阮・內需司・掖庭署가 있었다. 戶曹에는 司로서 版籍司・會計司・經費司가 있었고 屬衙門으로 內資寺・內贍寺・司導寺・司贍寺・軍資監・濟用監・司宰監・豊儲倉・廣興倉・典艦司・平市署・司醞署・義盈庫・長興庫・司圃署・養賢庫・五部가 있었다. 禮曹에는 司로서 稽制司・典亨司・典客司가 있었고 屬衙門으로 弘文館・藝文館・成均館・春秋館・承政院・通禮院・奉常寺・校書館・內醫院・禮賓寺・掌樂寺・觀象監・典醫監・司譯院・世子侍講院・宗學・昭格署・宗廟署・社稷署・米庫・典牲署・司畜署・惠民署・圖書署・活人署・歸厚署・四學이 있었다. 兵曹에는 司로서 武選司・乘輿司・武備司가 있었고 屬衙門으로 五衛・訓練院・司僕寺・軍器寺・典設司・世子翊衛司가 있었다. 刑曹에는 司로서 詳覆司・考律司・掌禁司・掌隷司가 있었고 屬衙門으로 掌隷院과 典獄署가 있었다. 律學廳과 捕盜廳도 刑曹 소속기관이었다. 工曹에는 司로서 營造司・攻冶司・山澤司가 있었고 屬衙門으로 尙衣院・繕工監・修城禁・火司・典涓司・掌苑署・造紙署・瓦署가 있었다. 여기에 열거된 官司들의 기능과 이들 官司에 배속된 根隨奴(官員을 수행하는 奴)와 差備奴(官衙의 人夫와 같은 奴僕)의 定數에 대한 자세한 설명에 대해서는 연정열, 전게서, 202면 이하, 주 36) 이하 참조.

使・按撫使・體察使 등의 명칭으로 불리기도 함)132)라 하고 府尹 이하
의 지방관(牧使・大都護府使・都護府使・郡守・縣令・縣監)을 守令이
라고 한다. 郡밑에는 面・里・統이 있었는데 면의 首長을 面長・風
憲・執綱이라 하고 里와 統의 수장을 각각 里正, 統首라고 하고 洞里
의 長을 尊位라 하였다. 수령의 보좌기관으로 鄕廳이 있었는데 그 長
을 座首라 하고 그 밑에 別監을 두었다. 지방관청은 鄕吏(外衙前)133)담
당의 吏・戶・禮・兵・刑・工의 6房체제로 운영되었다. 그런데 漢城
府는 물론이거니와 開城府・水原府・廣州府・江華府는 京官職으로 하
여 중앙에서 직접 관할하였다.

조선조의 軍制를 일별하면 太祖는 麗末의 三軍都摠制度를 義興三軍
府로 개칭하고 定宗 2년(1400년)에 私兵을 革罷하여 京外의 兵力을 모
두 三軍府에 귀속시켜 兵權의 集中을 이룩하였다. 그 후에는 文宗 원
년(1451년)에 三軍을 5衛로 고치고 5衛鎭撫所를 설치하였다가 世祖
12년(1466년)에 이것을 5衛都摠府로 고쳤다. 따라서 5衛체제가 조선
조 軍制의 기본이 되었다. 五衛는 義興衛(中衛)・龍驤衛(左衛)・虎賁衛
(右衛)・忠佐衛(前衛)・忠武衛(後衛)를 말하며 이들은 각기 통할하는
지방이 지정되어 있었다.134) 또한 武官 京官職에는 中樞府와 訓練院이
있었다. 지방에는 처음 남방에 營鎭軍이 있고 북방에는 翼軍이 있어서

---

132) 태조시에는 관찰사가 兵權을 가지지 아니하였으나 태종 이후에는 병마절도사・
수군절도사를 겸하게 되어 軍政을 장악하게 되었다. 관찰사의 사무를 보좌하는
官員 중에 都事(外臺)는 중앙관서에서 추천・임명되어 지방에 파견근무하는 관
찰사의 幕僚이다. 김용태, 명형식, 나용식, 전게서, 196면 이하 참조.
133) 향리는 토착세력이면서 지방관부의 행정실무자로서 왕권을 대행하는 守令과 지
방 양반세력을 대표하는 鄕廳의 중간에서 교량적 역할을 하였고 吏屬(胥吏)신
분인 鄕役은 세습되었다. 사무적인 연락을 위하여 서울에 京邸吏(京主人)를, 도
청소재지인 監營에는 營邸吏(營主人)를 두었다. 한편 향청의 중앙사무소로는
京在所가 있었다. 이기백, 전게서, 239면 이하 참조.
134) 中衛는 京城中部・개성・경기・강원・충청・황해도를, 左衛는 京畿東部와 경상
도를, 右衛는 京城西部와 평안도를, 前衛는 京城南部와 전라도를, 後衛는 京城
北部와 함경도를 각각 그 통할구역으로 하였다. 기타 兵種구성과 그 상세내용
에 대해서는 김용태, 명형식, 나용식, 전게서, 206면, 주 712) 이하 참조.

II. 한국헌법사의 출발점에 대한 논의 47

이원적인 군사조직을 가지고 있다가 전국을 翼軍체제로 일원화한 후 세조 3년(1457년)에 이를 鎭管체제로 바꿈으로써 지방군제의 기본체제가 완성되었다. 이 진관체제에 의하면 각 道에 兵營과 水營을 하나씩 두었는데 永安道(함경도)와 경상도에는 女眞과 倭의 침입에 대비하여 兵·水營을 각각 둘씩 두었으며 전라도에는 水營만 둘 두었다. 兵營의 長인 兵馬節度使(兵使)와 水營의 長인 水軍節度使(水使)의 소재지를 主鎭이라 하고 그 밑에 巨鎭을 두어 節制使나 僉節制使로 하여금 관장케 하였다. 營鎭에 소속된 군인을 鎭守軍이라 하는데 鎭守軍은 營鎭軍·守城軍·船軍으로 구별되었다.

정치행태론적 측면에서 볼 때 고려시대의 貴族政治에 비하여 조선시대가 보다 官僚的 정치형태를 취하여 양반관료국가를 이루고 있다고 할 수 있다. 법제사적인 흐름에서 보면 고려시대의 법이 개별적인 왕법과 관습법을 기반으로 하고 있었음에 반하여 조선시대에는 통일법전의 제정과 계속적인 편찬사업 및 중국의 대명률의 포괄적인 계수에 의한 법치주의 통치를 실시하기 시작하였다는 데에 특징이 있다. 따라서 법치주의 통치를 위한 국가기본법의 제정이 강력하게 요청되었는데 經濟六典·續六典·經國大典·大典續錄·大典後續錄·大典註解·受敎輯錄135)·典錄通考·新補受敎輯錄·增補典錄通考·續大典·典律通補(1761)·大典通編·百憲總要·典律通補(1787)·大典會通136)으로 이어지는 법전의 정비·편찬이 그 결과이다.137) 법사상적으로는 變法更張사상보다는 祖宗成憲主義와 良法美意의 古法主義가 貫流되고 있었다.138)

---

135) 수교집록, 속대전과 대전통편에 대한 개략적인 설명에 대해서는, 연정열, 전게서, 374면 이하 참조.
136) 대전회통에 대한 자세한 설명에 대해서는 김병화, 전게서, 157면 이하 참조.
137) 박병호, 전게 「근세의 법과 법사상」, 33면 이하 참조. 이상의 법전들에 대한 간략한 언급에 대해서는 박병호, 전게 「한국법제사고」, 421면, 주 20) 참조.
138) 자세한 것은 박병호, "조선시대 입법자의 법률관," 전게 「한국사상대계 III」, 599면 이하 참조.

(1) 최초의 성문의 국가기본법 ─ 經濟六典

정도전의 혁명사상은 조선왕조 건국의 이론적 근거를 제공하였는데 그는 중앙집권적 관료국가주의를 기간으로 하여 군주와 관료 사이의 권력분립을 지향하였다. 정도전은 총합적인 법규집으로 朝鮮經國典139)을 저술하여 역사상 최초의 성문의 국가기본법인 經濟六典의 典據를 제공하였다. 경제육전140)은 이성계가 실권을 장악한 戊辰(禑王 14년: 1388년) 이후로부터 왕위에 오른 후 태조 6년(1405년) 12월에 이르기까지의 발포하였던 條例를 都評議使司 소속 檢詳條例司에서 趙浚의 주재하에 완성되어 공식적으로 반포된 것이다. 이 경제

---

139) 朝鮮徑國典은 三峯集에 수록되어 있는데, 序篇격으로 正寶位, 國號, 定國本, 世系, 敎書의 다섯 조항이 있고 다음에 本篇으로 治典(7조항), 賦典(18조항), 禮典(26조항), 政典(14조항), 憲典(20조항), 工典(10조항)으로 구성되어 있다. 이것은 元의 經世大典에 의거했으며 憲典만은 大明律을 그대로 채용하고 있음이 특색이다. 종래에는 삼봉집에 수록된 경국전은 경국전의 全文으로 보아왔으나 이에 대하여 삼봉집의 수록내용은 경국전의 大序·小序만을 採錄한 것에 그친 것이며 그 本文은 전해오지 않는다는 說이 주장되고 있다. 박병호 교수는 이 說을 유력하게 평가하고 있는 듯하다. 박병호, 전게 「韓國法制史攷」, 398면 참조. 한편 이 조선경국전을 經濟六典의 粉本으로 추측하는 淺見倫太郞의 견해는 타당하지 아니하다. 서일교, 전게서, 34면 참조. 최종고 교수는 조선경국전의 서편격에 해당되는 5개조를 오늘날의 헌법전문과 比肩시키고 國號조에 나와 있는 규정 중 箕子正統說을 취한 태도에 대해 중국과의 정통관계를 수립하려고 한 의도로서 역사적으로 시달려 온 약소민족의 생존의지의 표현이요 쿠데타국가로서의 특유한 이데올로기라고 평가하고 있다. 事實을 저변에 놓고 史實을 조망할 때 眞實접근에의 논리비약과 너무나 修飾的이고 諦念的인 史論이 아닌가 싶다. 어쨌든 조선경국전의 전문에 비친 헌법사상으로 民本사상·仁治사상·事大사상·世襲사상·天命사상·文治사상을 추출해내고 있다. 최종고, "정도전의 법사상," 전게 「한국사상대계 Ⅲ」, 966면 이하 참조.

140) 성문의 국가기본법전의 효시로서 역사적 의의가 있으나 현재 경제육전은 전하여지지 않고 있다. 정종때 條例詳定都監, 태종때 六典修撰所, 세종때 禮曹 詳定所와 六典修撰色에서 속육전의 간행이 있었으나 이들도 오늘날 전해 오지 않는다. 다만 왕조실록에 이들 법전의 조문을 직·간접으로 인용하는 기사가 적지않아 대체의 윤곽은 알 수 있다. 實錄에 인용된 것을 경국대전의 항목규정에 비추어 재생하면 吏典 82개조·戶典 57개조·禮典 107개조·兵典 42개조·刑典 160개조·工典 3개조 등으로 나타나고 있다. 여기서 유념할 것은 태종 15년에 정한 법전편찬준칙(祖宗成憲主義)과 더불어 典과 錄을 구별하는 준칙이 세종시 元典謄錄을 輯錄함으로써 새롭게 정립되었다는 것이다. 자세한 것은 박병호, 전게 「한국법제사고」, 397면 이하 참조.

육전은 吏讀와 방언(俚語)을 섞어 써 소박·평이하게 되어 있기 때문에 나중에 方言六典·吏讀元六典이라고도 불렀다.141) 우리 헌법사의 출발점을 이 경제육전으로부터 잡아도 무방할 것으로 보이지만 경제육전은 왕조국가에서 국가기본법으로서의 의미는 가지고 있으나 현대적 의미의 법치국가, 즉 자유적·실질적·사회적 법치국가의 관점142)에서는 너무나 거리가 먼 헌법이라 할 수 있다. 고유한(본래적) 의미의 헌법과 형식적 법치국가의 관점에서는 어느 정도의 연결점을 찾을 수 있다. 경제육전은 各典이 각 항목으로 세분되어 있었음은 확실하나 各典이 몇 항목으로 구성되어 있었는지 또 정도전의 조선경국전 및 경국대전의 항목과의 차이도 명백하지 않다. 그러나 생명권의 시각에서 볼 때 당연히 명문의 규정은 찾을 수 없어도 조선경국전의 憲典 및 경국대전의 刑典에 해당되는 경제육전의 규정은 刑律143) 및 死刑제도와 관련하여 연관성을 찾아낼 수 있을 것이다.

---

141) 박병호, 전게서, 399면.

142) Vgl. K. Stern, Das Staatsrecht der Bundesrepublik Deutschland(München: C·H Beck'sche Verlagsbuchhandlung, 1984), S.785.

143) 大明律(여기서 대명률은 6分主義를 따른 吳王元年의 律, 唐律의 편제를 따른 洪武 7년의 律, 七分主義를 채용한 洪武 22년의 律, 洪武 30년의 改正律 중에서 오늘날 전해지는 洪武 30년의 律을 말한다)은 조선왕조 건국 초부터 광무 9년(1905년) 刑法大典이 공포 시행될 때까지 5백여년 동안 형벌법의 普通法으로서 전반적으로 依用되었다. 刑典의 규정이 있는 경우에는 대명률에 우선하여 적용된 것은 물론이다. 박병호, 전게서, 418면 참조; 대명률직해에 대한 개략적인 내용에 대해서는 연정열, 전게서, 126면 이하 참조.

(2) 조선왕조 통치의 법적 기초로서의 經國大典[144]
— 최초의 傳世의 성문법전

우리 法史상 전해내려 오는 국가기본법전으로서 확립된 최대의 통치규범체계가 경국대전이다. 우리나라의 역대 왕조국가에서 경국대전만큼 확고하게 정비된 형태로 祖宗之法 · 國家萬世通行之法 · 垂世之規 · 永遠不變之法을 구축하여 국가의 기본법으로서 통치의 법적 기초를 제공한 것은 없었다. 박병호 교수는 경국대전의 완성은 바로 조선왕조 존속의 철근이며 고유법계승의 초석이라 평가하고 있다.[145] 경국대전은 조선왕조의 국가시정지침, 행정기관의 행정한계와 기능, 그리고 국민들의 생활규범을 명문으로 밝혀 治國의 근본으로 삼았기 때문에 조선왕조의 통치이념을 밝힌 조선왕조 제반입법의 母法이 되었다.[146] 우리나라 최초의 명실상부한 대전체제를 갖춘 성문법전인 경국대전의 입법정신은 왕권의 존엄성의 바탕 위에 관료제의 확립을 통한 행정의 능률화를 도모하고 신분사회의 질서확립을 통하여 기존 사회질서를 유지하려는 데 있다.[147]

정비된 체계의 국가기본법으로서 현실적인 法治의 역할수행, 조선 政治紀綱의 基本, 憲法史의 史料에 대한 접근가능성 등 실제적인 측

---

144) 河崙等撰續六典 · 李稷等撰續六典 · 黃喜等撰續六典을 거쳐 文宗때 提調別監을 설치하여 續謄錄을 편찬한 후 世祖때 六典詳定所를 설치하여 經國大典 戶典(庚辰年戶典)과 刑典(辛巳年刑典)을 먼저 완성하고 법전편찬전문가들로 都廳을 구성하여 考閱작업을 거치면서 동시에 나머지 四典편찬도 계속하여 세조 12년(1466년) 戊戌에 六典편찬이 완료되었으나 이 新制大典은 편찬만 완료되었을 뿐 법률로서 시행되지는 않았다. 이후 이 戊戌年新制大典이 睿宗때 己丑年大典으로 최초의 통일법전으로 성립되었고 成宗때 校訂이 완료되어 新定經國大典이 탄생하여 辛卯年大典이라 일컬었다. 그후 甲午大典을 거치고 勘校廳이 설치되어 萬世大典으로서 乙巳大典(성종 16년: 1485년)이 확정되었는데 오늘날 전해오는 經國大典은 바로 이 乙巳大典이다. 자세한 것은 박병호, 전게서, 408면 이하 참조.
145) 박병호, 전게서, 421면 참조.
146) 연정열, 전게서, 146면 참조.
147) 상게서, 149면 참조.

면에서 볼 때 우리 헌법사의 출발점을 경국대전으로부터 잡는 것이
훨씬 손쉬울 것이라고 생각되는 바가 없지 않다. 그러나 근대적 의
미의 헌법의 관점에서는 문제점이 지적될 수 있는데 특히 한태연 박
사는 한국헌법사도 세계적인 입헌주의의 전제에 있어서만 가능할 수
있다고 하고 있다.148) 그러나 서구의 역사 전개과정에서 빌려온 도
구개념에 입각한 이 관점도 하나의 독립된 역사단위로서 단절 없는
유구한 韓民族의 역사관념과, 모든 시대에 걸쳐 존립하였던 국가를
조망하는 개념인 고유한 의미의 헌법의 시각에서는 우리 헌법사의
출발점에 관해 무수한 논의가 제기될 수 있다는 점에서 이의가 제기
될 수도 있을 것이다.149)

  생명권의 시각에서 보면 경제육전이나 경국대전에 생명권의 명문
의 규정은 없지만 사형 등 형사제도와 관련하여 前代에 비하여 進一
步한 면이 많다. 경국대전은 刑典 첫머리에 用大明律이라 하여 조선
왕조는 별도로 형사법을 제정하지 않고 大明律을 그대로 시행하였
다.150) 이와 관련해서 살펴보면 다음과 같다.

---

148) 한태연, "한국헌법사 서설," 전게 「한국헌법사(상)」, 28면 이하 참조.
149) 김효전 교수는 "근대 한국헌법사의 기점을 명확히 밝히기는 쉬운 일이 아니다.
    이것은 헌법의 개념을 옐리네크(G. Jellinek) 流의 고유한 의미의 헌법으로 이
    해하는 경우 어떠한 시대나 국가에도 헌법은 존재하며 나아가서는 국가 이전
    에 이미 헌법이 있다는 주장이 가능하기 때문이다"라고 말하고 있다. 동 교수
    는 일단 외관적인 근대국가로서 첫발을 내딛는 것은 開國에서부터 시작한다고
    하여 한국 최초의 조약인 강화도조약에 의의를 두고 있는 것 같다. 동 교수의
    "근대국가의 성립과 좌절", 상게 「한국헌법사(상)」, 133면 참조; 유진오 박사는
    광의의 헌법개념을 설명하면서 "국가는—성문헌법을 가졌거나 안 가졌거나 또
    소위 입헌국가거나 전제국가거나를 막론하고—예외없이 헌법을 가지고 있다
    할 것이다. 환언하면 국가가 있는 곳에는 반드시 헌법이 있다고 할 것이니…"
    라고 기술하고 있다. 유진오, 「新稿 憲法解義」(서울: 일조각, 1953), 4면 참조.
    우리나라에서 「헌정사」라는 이름으로 출판된 최초의 저술은 김형수의 「憲政史」
    (서울: 보문각, 1961)이다. 그러나 이 책은 우리나라의 헌정사에 관한 것이 아
    니라 영국헌정사에 관한 것이다. 어쨌든 이 책도 1215년 영국의 권리장전에서
    부터 출발하고 있는 것이 아니라 영국의 원주민과 앵글로·색슨系統民의 定住
    시대부터 헌정사를 기술하고 있다. 동 「憲政史」, 11면 이하 참조.
150) 이미 李太祖는 1392년 7월에 大明律을 조선의 律로 依用施行할 것을 선포하였

囚禁하지 아니할 자를 불법구속하여 致死하게 한 자를 絞刑에 처하거나 고의로 무죄한 사람을 고문하여 致死하게 한 자를 斬刑에 처하고 濫刑하여 致死하게 한 자도 杖1百에 처하고 영구히 敍用하지 아니한다는 점, 死囚三覆制151) 등을 전대에 비하여 진일보한 점으로 먼저 거론할 수 있다. 또한 鬪毆하여 落胎한 경우에 杖 8십·徒 2년의 刑에 처하거나 일반적으로도 낙태를 처벌하는 것이 그 예들에 속한다. 낙태죄로 처벌되는 경우는 保辜期間152) 內에 태아가 낙태사망한 것과 수태 후 90일을 초과한 것으로서 형태가 이루어진 것을 낙태하는 경우이다. 비록 毆打로 인하여 낙태되었다 하더라도 保辜期間 外에 태아가 낙태사망한 것과 수태 후 90일 이내로서 아직 형태를 이루지 아니한 것이면 각각 毆打傷害의 조문에 따라 論罪하고 낙태죄로는 처벌되지 아니한다.153)

생명을 박탈하는 死罪에 해당하는 범죄로는 謀反, 謀大逆, 謀叛, 국가의 大祀神祇에 쓰는 용품을 盜取한 경우, 聖廟의 位版을 打破하거나 偸出한 경우, 중국 使行列에 附托하는 경우, 官吏에 대한 謀殺傷, 관리에 대한 鬪毆折傷 및 篤疾이 되게 한 경우나 致死하게 한 경우, 士族으로서 緦以上親 및 緦麻以上親의 妻를 姦淫한 경우와 大功以上親의 良妾을 간음한 경우, 常賤으로서 妻母를 간음한 경우, 同母異父의 姉妹를 간음한 경우, 士族의 婦女로서 淫慾을 恣行하고 風

고 1395년에 대명률을 조선의 실정에 맞게 번역하도록 趙浚에게 명하였다. 따라서 大明律直解는 대명률을 조준의 주재하에 高士褧, 金祇 등이 吏讀文으로 번역하고 鄭道傳과 唐誠이 손질해 놓은 것이다. 연정열, 전게서, 129면 참조.

151) 殺獄에 있어서도 初檢·覆檢·三檢 등 檢驗을 거치도록 하였다. 서일교, 전게서, 362면 이하 참조.

152) 保辜라는 것은 폭행·상해죄에 있어서 범인으로 하여금 피해자의 상처를 의약으로써 치료하게 하는 것을 말하는데 保辜期限制度는 범인으로 하여금 피해자의 상처를 치료하게 하는 시간적 여유와 의무를 과하는 동시에 범인의 형사책임의 한계를 정하는 데 의의가 있다. 保辜期限內에 상해로 인하여 사망한 경우에는 모두 鬪毆殺人의 죄로써 論罪한다. 서일교, 전게서, 238면 참조.

153) 상게서, 235면 참조.

俗과 敎化를 瀆亂한 경우(姦夫 포함), 婢夫로서 妻의 上典을 간음한
경우, 士族의 妻 또는 그 딸을 劫奪한 경우, 宮女가 外人과 通姦한
경우, 조부모・부모를 罵詈한 경우와 妻・妾이 夫의 조부모・부모를
罵詈한 경우, 노비가 家長을 罵詈한 경우, 强盜하여 재물을 얻은 경
우, 强盜再犯, 强窩三犯, 竊盜三犯(예외적으로 竊盜再犯・牛馬竊盜의
首魁・贓物五十貫 이상의 竊盜初犯 및 進上物品竊盜初犯), 越境竊取
한 경우, 조부모・부모를 구타하거나 妻・妾이 夫의 조부모・부모를
구타한 경우, 노비가 家長이나 家長의 朞親・外祖父母를 暴行致傷한
경우, 嫡母・繼母・慈母・養母가 자손을 毆打殺害하여 後孫이 끊어
진 경우, 妻・妾이 夫를 毆打하여 篤疾・致死하게 하거나 고의로 살
해한 경우, 夫가 妻를 상해치사한 경우나 妻의 부모를 毆打하여 篤
疾・致死하게 한 경우, 謀殺人(謀殺祖父母・父母의 경우는 陰謀 및
상해의 결과만으로, 謀殺緦麻親의 경우와 謀殺制使及本管長官의 경
우는 상해의 결과만으로도 사죄에 해당됨: 奴婢와 雇工人이 家長 및
家長의 朞親・外祖父母 또는 緦麻親 이상의 親屬을 謀殺한 경우도
이와 같다), 鬪毆及故殺人, 故殺人, 殺夫, 綱常罪人(父・母・夫를, 奴
로서 主를, 官奴로서 官長을 살해한 자), 殺一家三人 및 그 共犯, 採
生折割人 및 그 공범, 造畜蠱毒殺人 및 그 敎唆犯, 타인을 모함하기
위하여 匿名으로 官司에 投書한 경우 등을 들 수 있다.154) 毒藥을
사용하여 살인한 경우에는 情을 알고 독약을 판 자도 범인과 더불어
死罪에 해당하고 살인할 목적으로 魘魅・符書를 만들어 저주하여 사
람을 죽게 한 경우에도 殺人本罪에 의하여 처벌하였다. 또한 被誣人
이 誣告로 인하여 그를 수행하던 有服親 1인이 致死하게 되면 誣告
人은 絞刑에 처하고 被誣人이 死罪로 되어 이미 刑이 집행되었으면
誣告人은 死刑으로 反坐한다. 子孫・妻妾・奴婢로서 父母・家長을

---

154) 상게서, 208면 이하 참조.

訴告하면 謀叛・逆反을 제외하고 絞刑에 처했다.155)

死刑의 방법으로 全其肢體의 絞首刑과 身首異處의 斬首刑이 있으나 이외에도 陵遲處死(剮・柳葉剮), 車裂(轘), 懸竿示衆인 梟首, 賜死(藥殺), 死刑의 公開執行으로서의 棄市 등도 행해졌다.156) 그러나 고종 31년 1894년 6월에 「緣坐를 勿施하는 件」이 제정되고 동년 8월에 軍國機務處에서 시행을 선포하여 緣坐制의 폐지가 이루어지고 동년 12월에는 「處斬, 凌律을 폐지하되 用絞用砲하는 件」에 의하여 陵遲處死刑과 斬刑이 폐지되고 死刑의 行刑에 있어서는 오로지 絞刑으로 하고 軍律에 있어서만 砲刑으로 할 것을 정하였다.157) 그리고 광무9년(1905년) 4월에 법률 제2호로 제정된 「刑法大典」에서 死刑은 絞로 하였다(제94조).158)

무릇 죄인을 판결함에 있어 마땅히 律令의 조문을 구체적으로 인용하여야 한다는 斷罪引律令條가 있고 이를 위반한 경우 그 刑官에게 笞 30刑에 처한다고 하여 오늘날 죄형법정주의와 유사한 면이 있지만 한편 斷罪無正條라 하여 刑官의 유추해석권을 法認하고 있기도 하였다.159) 또한 당연히 하여서는 아니 될 행위를 한 경우(律令에 정한 조문은 없으나 事理上 하여서는 아니 될 것을 행한 경우)는 不應爲로 처벌된다. 이것은 위 「刑法大典」에서도 引律比附의 원칙(제2조)과 不應爲의 원칙(제678조)으로 잔존되었는데, 다만 死刑의 경우에 引律比附를 허용하지 아니한 것은 진일보한 입법이라 할 수 있다.160)

---

155) 상게서, 245면, 248면 이하 참조. 조선왕조시대 범죄의 형태에 대한 大略的인 설명에 대해서는 김용태, 명형식, 나용식, 전게서, 242면 이하 참조.
156) 상게서, 157면 이하 참조. 사형의 집행에 관한 문제에 대해서는 상게서, 414면 이하 참조.
157) 김병화, 전게서, 319면, 369면 참조.
158) 상게서, 220면, 235면.
159) 연정열, 전게서, 131면 참조.
160) 서일교, 전게서, 252면, 259; 김병화, 전게서, 222면, 226면, 304면 참조,

(3) 甲申政令과 실패한 政變에 의한 3일간의 革新政府

開化派[161]는 고종 21년(1884년) 12월 4일 夜半에 甲申政變을 일으
켜 왕조국가의 내각구성을 일거에 바꾸어 버리고 12월 5일 이른 아침
에 새 정부를 구성하고 14개조의 甲申政令을 발표하였다. 이 政令은
새 정부의 憲法이라기보다는 開化政治의 방향을 제시한 革新的인 政綱
이라고 평가되고 있다.[162] 한태연 박사는 위로부터의 개혁을 도모한
갑신정변을 지배계급 엘리트의 領導에서 단행된 하나의 宮廷쿠데타로
평가하고 있다.[163] 전봉덕 교수는 당초부터 일본의 지원만 믿고 明治政府
型의 革新政權을 수립하고 '위로부터의' 開化를 추구하고자 한 政變이
었다고 평가하고 있다.[164] 쿠데타(Militärputsch)와 政變(Staatsstreich)
의 엄밀한 차이를 인정한다면[165] 여기에서는 政變이라는 평가가 더 타
당할 것이다. 변태섭 교수는 갑신정변이 조선왕조의 정치체제를 입헌
군주제로 바꾸려고 하였다고 보아 그 역사적 의의를 적극적으로 평가
하고 있다.[166] 그러나 우리 근대사의 역사흐름의 주류에 위치할 수는
없다고 본다. 어쨌든 구병삭 교수는 우리의 근대화 헌법사상의 淵源은
「甲申政令」14개조와 井上의 「漢城遵殘夢」 및 革新綱令의 내용이 담
긴 「淸演速記」에서 찾아 볼 수 있다고 하고 있다. 아울러 위 政令의 체
제가 비록 君權政治的이기는 하나 오늘날 국민주권주의적 헌법사상의
뿌리가 되고 있고 그 내용에 있어서도 自主獨立의 主權國家宣言, 法
앞의 平等, 君民共治의 內閣制議決, 統治機構(官制)의 改革, 國庫財政

---

161) 개화파의 맥락형성과 계통, 갑신정변에 이르게 되는 밀의과정에 대해서 자세한
     것은 전봉덕, 전게 「한국근대법사상사」, 57면 이하 참조.
162) 상게서, 76면, 참조.
163) 한태연, 전게 논문, 34면 참조. 한편 김효전 교수는 청으로부터의 완전한 독립
     을 목표로 하고 근대적인 국민국가를 형성하려는 의지로 가득차 있었으나 일
     반 민중의 지지가 약하였던 일부 정치엘리트의 '개혁운동'이라고 평가하고 있
     다. 김효전, 전게 논문, 147면 이하 참조.
164) 전봉덕, 전게서, 76면 참조.
165) 허영, 「헌법이론과 헌법」(서울: 박영사, 1995), 신정판, 62면, 주37) 참조.
166) 김효전, 전게 논문, 148면에서 재인용.

一元化, 軍制 및 稅制整備, 官紀確立 등 오늘날의 민주적 헌법사상이 깔려 있다고 보고 있다.167)

갑신정령을 우리 헌법사의 출발점으로 보기에는 미흡한 점이 많다고 생각된다. 먼저 이 혁신정강의 규범적 성격이 문제이고 따라서 역사적 현실에 체화된 규율성을 가지지 못하고 그 사회적 토대와의 주체적 연결성을 결여한 외세에 의탁한 집권 시나리오의 정치적 선언에 불과하다고 보기 때문이다. 따라서 너무나 미화적인 해석이나 명문규정이 내포하고 있는 이상의 비약적인 평가와 논리전개는 일본 제국주의의 전략적 침투경로를 은폐하는 역할을 할 뿐이다.168) 그러나 어느 정도의 근대적 사고의 편린들을 함축하고 있는데 전통적 정치사상과는 차원을 달리하는 서구의 정치・법률사상에 기인한 개혁 정강으로서 전통적 체제와 정치양식이 야기한 陋習과 舊惡을 제거하려고 한 측면이 그것이다.169)

생명권의 시각에서 볼 때 명문 규정은 없지만 平等之權(제2조)을 규정함은 여기서 언급할 가치는 있다. 우리나라에 天賦人權論이 최초로 등장한 것은 1885년 2월 11일 漢城旬報 제14호의 '美國誌略續稿'에서 미국 독립선언서를 소개한 論稿라 한다. '생명'권에 대한 언급도 여기의 獨立檄文의 일부를 인용・게재한 부분에 들어 있다.

즉 여기에서 "모름지기 사람은 누구나 세상에 태어남과 동시에 사람으로서 바꿀 수 없는 권리(通義)를 부여받고 모든 사람은 동일한 근원과 경과를 가지는 것으로서 평등한 것인데 이른바 그 권리라 함은 자유를 구하고 '생명'을 보유하는 것으로 이것은 사람의 힘으로

---

167) 구병삭, "우리 헌법사의 회고와 전망," 구병삭 외 9인 공저, 「한국법학의 회고와 전망」(서울: 법문사, 1991), 19면 참조. 갑신정령의 14개조 내용에 대한 구체적인 설명에 대해서는 전봉덕, 전게서, 78면 이하 참조.
168) 유진오 박사는 일본이 우리나라를 침범함에 있어서 자주 민주적 개혁의 탈을 쓴 것은 참으로 諷刺的인 사실이었다 아니할 수 없다고 記述하고 있다. 유진오, 전게서, 9면.
169) 전봉덕, 전게서, 81면 참조.

억제하거나 귀신의 힘으로도 빼앗을 수 없는 이치이기 때문에 인간의 一大公道가 바로 여기에 있는 것이다(蓋天之生斯人也 賦以不易之通義 億兆皆同一轍 所謂通義者 求自由各保生命 其理人力不可制 鬼神不可奪 然則人間一大公道 亶在於斯也)"라고 언급되고 있다. 대한매일신보 광무 9년 10월 11일자 雜報欄에도 '생명'과 자유의 권리가 언급되고 있다.170) 그리고 1889년 박영효의 「朝鮮內政改革에 관한 建白書」(戊子上疏) 제8조 '使民 得當分之自由'에서도 '생명'권을 언급하고 동 제2조 제2항에서 拷問과 酷刑의 폐지를 주장하고 제2조 제6항에서는 捕盜廳에 의한 不法刑殺을 규탄하였다.171) 유길준의 「西遊見聞」에서는 '無係의 通義'(絶對的 權利)의 목록에서 身命의 권리(생명권과 인신의 자유권을 의미)를 거론하고 있으며 유추해석의 금지와 인신보호제도(habeas corpus)를 언급하고 나아가 정부설립의 목적을 "…其 '生命'과 재산을 보전하기 위한 것"이라고 설명하고 있다.172) 김옥균은 「治道略論」에서 '懲役之法'을 거론하여 생명권의 존중을 강조하고 있으며 서재필은 인민의 권리를 "「목숨」과 재산과 자유권"이라 하고 적법절차를 주장하고 있다.173)

이상에서 보듯이 개화파 인물들은 생명권에 대해 보편적인 인식을 가지고 있었다.

⑷ 근대적 의미의 최초의 혁명 — 동학혁명과, 갑오경장 및 최초의 근대적 의미의 헌법174) — 홍범14조

유진오 박사는 우리나라에 있어서의 민주적 정신의 각성을 따진다면 적어도 李朝 英祖·正祖시대의 實事求是學派까지 소급해 올라갈

170) 상게서, 87면 참조.
171) 상게서, 82면, 90면 이하, 119면 이하 참조.
172) 상게서, 91면 이하, 218면 참조; 최종고, 전게 「한국법사상사」, 214면 참조.
173) 전봉덕, 전게서, 85면, 87면, 297면 참조.
174) 유진오, 전게서, 11면 참조.

수 있다고 한다. 다만 그들의 운동은 민중적 배경을 결여하였기 때문에 일부 학자들 사이의 탁상공론에 그치고만 결과 우리나라는 정치상으로나 경제상으로나 아무런 개혁도 발전도 이루지 못한 채 前世紀末을 맞이한 것이라고 한다.175)

한태연 박사는 전형적인 농민투쟁을 내용으로 하는 동학혁명은 근대적 의미의 혁명을 의미하는 것이었다고 한다. 관권의 남용과 그수탈에 저항하기 위한 이전의 농민봉기와 동학혁명과의 차이점으로한태연 박사는 첫째로 동학과 같은 하나의 민족종교와 결부되었다는점, 둘째로 외세의 침투 특히 그 경제적 침략에 대한 저항의 斥外운동을 의미하고 있다는 점, 셋째로 庶政刷新과 함께 儒敎的 位階制의사회제도에 대한 혁신의 요구를 그 지도이념으로 삼은 것은 하나의사회혁명을 의미한다는 점을 거론하고 있다.176) 동학혁명은 안으로는 양반중심의 사회체제에 항거하고 밖으로는 외국의 자본주의 침략에 대항하고177) 정신사적인 측면에서는 서구의 사회혁명에서 볼 수있는 바와 같은 근대적178) 의미의 자유와 평등의 이념을 내포한 아래로부터의 혁명179)이었다고 할 수 있다. 세계사적 전환기에 국제적정세변화에 따라 능동적·적극적으로 대처할 수 있는 이념과 통치능력을 결여한 정부의 未朦 및 無能과, 외세 특히 일제의 극심한 경제적 침투가 횡행하는 사회적 상황180)에서 발발한 輔國安民의 동학혁명181)은 혁명정부의 구성에는 미치지 못한 실패한 혁명182)이었지만

---

175) 유진오, 전게서, 9면 참조.
176) 한태연, 전게 논문, 34면 이하 참조.
177) 이기백, 전게서, 374면 참조.
178) 한상범 교수는 법제의 근대화라고 하면 서양의 근대법제를 이어받는 것을 말한다고 한다. 여기에는 입헌주의적 국민국가체제와 산업사회=자본주의체제의 법률적 구성이 내포되어 있기 때문에 신분제사회의 지배체제를 지양하고 자본주의=산업사회로의 발전을 위한 법률제도를 마련하는 것을 말한다고 한다. 한상범, "한국법제 40년 -그 문제와 과제-," 판례월보(1987. 1.), 20면 참조.
179) 한태연, 전게 논문, 34면 참조.
180) 당시의 사회적 상황에 대해서는 이기백, 전게서, 367면 이하 참조.

이후의 근대적 개혁의 물꼬를 열어 준 것임에는 틀림없다 할 것이다. 역사에 가정적 논술이 있을 수 없지만 만약에 동학혁명이 성공하였다면 한국판 프랑스혁명으로서 헌법제정권력의 근원적인 변화로 인하여 자유민주체제의 현대적 기반에 직통할 수 있는 한국사의 전혀 새로운 전개경로가 개척되었을 것이다. 동학혁명을 진압하기 위한 淸·日 兩軍의 朝鮮進駐는 동양에 있어서의 국제정치사를 바꾸어 놓은 1895년의 淸日戰爭의 도화선이 되었고 청일전쟁의 결과로서 淸國은 朝鮮에 대한 宗主國으로서의 지위를 상실하는 대신에 승리자로서 일본은 조선에 대한 內政干涉權을 독점했다. 따라서 일본의 독점에 의한 이러한 內政改革權의 발동으로 인한 제도 개혁이 이른바 甲午更張과 大韓帝國의 성립이었다.183)

老人亭會談에서 일본측이 제시한 내정개혁안에 대해서 우리 정부가 거절하자 제국주의 일본은 군대를 출동시켜 경복궁을 점령함과 동시에 대원군을 입궐시켜 집정토록하고 김홍집을 수반으로 하여 친일계와 중립계로 개편하였다. 갑오경장은 이 김홍집 내각의 정부가 설치한 超政府的 존재로서의 軍國機務處가 추진한 개혁이었다. 이 개혁은 결과적으로 일본의 제국주의적 자본주의184)가 침투할 수 있

---

181) 한상범 교수는 갑오농민전쟁이라 하여 한국의 토착종교인 동학과 결부된 민중운동, 서세동점에 충격을 받아 농민층을 주축으로 한 민중의 이해를 대변하게 되는 종교의 외피를 쓴 민중운동으로서, 한국판 농민전쟁과 민권운동의 흐름으로서 평가하고 있다. 한상범, 전게 논문, 22면 참조.

182) 전라도 53군에 執綱所라는 혁명완수의 민정기관을 설치하여 弊政改革에 착수하고 혁명의 총본부로서 전주에 大都所를 두었지만 局部的인 統治領域을 확보하는 데 그쳤다. 그러나 집강소를 통한 개혁운동의 파장에 입각한 동학의 세력은 전라도뿐 아니라 三南지방을 비롯하여 북으로 평안도·함경도에까지 미쳤다고 한다. 이기백, 전게서, 373면 참조. 한상범 교수는 동학은 갑오농민전쟁에서 그 혁명성을 발휘하여 농민의 개혁의지를 구체화시키는 데 현실적으로 외세에 의한 탄압으로 좌절되지만 3·1 독립운동에서 한국판 부르주아운동으로 합류한다고 기술하고 있다. 한상범 「인권 —민중의 자유와 권리」(서울: 교육과학사, 1991), 118면.

183) 한태연, 전게 논문, 35면 참조.

184) 명치유신으로 알려진 일본의 근대화는 시민계급을 주도세력으로 한 밑으로부터

는 평탄한 길을 닦아놓는 구실을 하였다.185) 곧이어 이노우에(井上
馨)가 대원군을 물러나게 하고 김홍집·박영효 연립내각을 성립시키
자 고종은 대원군·세자·종실 및 백관을 거느리고 宗廟에 나아가
자주독립의 기초를 굳게 할 결심을 誓告하고 개혁의 要綱으로 洪
範186)14條를 선포하였다. 한태연 교수는 홍범14조는 하나의 헌법적
의미를 가지는 헌법적 규정이라고 하지만 국가적 정치체제의 원시적
합리화만을 그 내용으로 했지 권력분립과 기본권의 보장과 같은 근
대적 의미의 입헌적 규정이 결여되었다는 점에서 군주제의 개혁에
관한 규정에 불과한 것이었다고 평가하고 있다.187) 유진오 박사는
의회제도의 창설, 삼권분립제도의 채용과 같은 근대적 헌법의 필수
내용이 보이지 아니하나 전제군주정치로부터 일종의 제한군주정치로
의 전환점을 찾고있다.188) 원래 입헌주의 국민국가의 수립에 있어서
사회경제적 토대로서는 자본주의 발전을 위한 상공업의 발흥과 민족
자본의 축적으로서 「산업화=산업혁명」으로 이어지는 것을 뜻하고 정

의 근대화가 아니고 일본의 입헌주의체제는 天皇主權이라고 하는 外見的 立憲
主義체제였고 산업화=자본주의 발전을 도모하는 데 있어서 시장과 원료공급지
의 확보를 위해 군사적 침략을 통해 식민지를 개척하는 서방제국주의와 동일
한 성격의 일본제국주의는 특히 민주화가 이룩되지 못한 후진 자본주의 발전
을 국내의 값싼 노동력을 발판으로 한 「소시얼 덤핑」의 수단으로 활로를 개척
하려고 한 것이고 거기에다 해외침략이 그 성패가 사활을 건 상태에서 추진된
것이었기 때문에 거칠고 악랄하고 무자비할 수밖에 없었고 서방에 대한 열등
감을 안고서 이웃에 대한 우월감을 내세워 나가는 것이었기 때문에 더욱 편협
한 면이 있었다고 한다. 한상범, 전게 논문, 21면 참조.

185) 도량형의 개정·통일은 일본상인들의 편의를 도와 준 것이었고 나아가 신 화
폐를 일본의 화폐와 동질의 것으로 하고 일본의 화폐도 혼용할 수 있게 함으
로써 일본의 상품시장으로서 중요한 위치에 있는 조선에서 일본상인의 경제적
침투를 유리하게 한 것이었다. 반면에 조세의 금납제는 우리 농민에게는 커다
란 고통이 되었다. 이기백, 전게서, 376면 이하 참조.

186) 洪範이라는 말은 우선 書經의 한 篇을 가리키고 또한 箕子가 天地의 大法을
베풀어서 周 武王에게 준 것을 일컫기도 한다. 이것은 정도전의 조선경국전에
도 언급되어 있다. 홍범14조라는 명칭은 書經의 洪範에 기록되어 있는 禹가
정한 政治道德의 9원칙 즉 洪範 9疇의 형식을 본떠 만든 것으로 여겨진다.

187) 한태연, 전게 논문, 35면 참조.

188) 유진오, 전게서, 11면 이하 참조.

치・문화적인 측면에서는 민중의 각성과 계몽의 단계를 넘어서 밑으로부터의 민권의 세력이 집결되어 가는 과정을 말한다고 한다.189) 이러한 측면에서 볼 때 홍범14조는 규범적으로 현실적으로190) 입헌주의 헌법의 전형에 포함시키기 어려운 면이 있으나191) 왕조국가의 헌법으로서는(특히 흠정헌법으로서는) 발전된 유형이라 아니할 수 없다. 구병삭 교수는 홍범14조의 내용이 군권체제이기는 하나 헌법의 일부 정신이 담겨져 있다고 보고 그 내용으로 자주독립, 내각에서의 政事의결, 각 부처의 권한과 직무범위확정, 조세징수, 예산1년주의, 지방관제의 정비 및 관리의 권한제한, 軍制와 징병, 국민의 생명・재산보호 등을 거론하고 있다.

따라서 구병삭 교수는 이러한 내용은 분명히 당시 서구입헌주의와 민주적 헌법의 내용의 도입이라 평가하고 있다.192) 규범적인 측면에서 국가의 성문헌법을 근거로 하여 우리 헌법사를 논한다고 할 때는 사실적인 측면에서 동학혁명을 통한 역사의 전환기적인 상황을 고려하는 경우 홍범14조를 그 출발점으로 삼을 수도 있지 않을까 생각된다.

생명권의 시각에서 본다면 생명권에 대한 최초의 연혁적 근거를 홍범14조의 제13조에서 찾을 수 있다고 본다. 즉 민법・형법을 嚴明하게 제정하여 인민의 '생명'과 재산을 보장한다는 동 규정은 생명

---

189) 한상범, 전게 논문, 21면 참조.
190) 국가적인 영역이 아니라 사회적인 영역에서는 독립협회의 민주적 개혁운동을 근대 입헌민주주의정신과 가장 부합된 것이라 할 수 있다. 유진오 박사도 갑신의 정변이 귀족 내부에 있어서의 守舊派(事大黨)와 革新派(開化黨)의 세력다툼이었고 갑오의 경장이 국내의 민주적 세력보다도 외세의 압력에 의함이 큰 것이었다 하면, 독립협회의 운동은 우리의 역사상 처음으로 나타난 진실로 民主的인 선각자들의 救國愛國운동이었다 할 것이다라고 평가하고 있다. 유진오, 전게서, 12면 참조.
191) 김효전 교수는 홍범14조는 아직 체계화된 근대적 의미의 헌법이라고는 볼 수 없고 다만 개혁정치의 강령에 불과하다고 평가하고 있다. 김효전, 전게 논문, 149면 참조.
192) 구병삭, 전게 논문, 19면 참조.

권에 대한 최초의 명시적 규정이라 할 수 있기 때문이다.

(5) 大韓帝國의 헌법 — 大韓國國制193)

세계사에서 일찍이 있지도 않았고 있을 수도 없었던 외교관 신분인 일본 미우라(三浦 梧樓) 公使의 지휘하에 주권국가인 조선의 國母를 시해하는 일본 낭인들의 乙未事變 후 친로파인 이범진 등은 웨베르와 공모하여 건양 원년(1896년)에 고종을 경복궁으로부터 러시아 공사관으로 옮긴 俄館播遷이 발생하자 독립협회의 自主獨立, 民權伸張, 국가의 自强에 대한 운동의 여론환기로 말미암아 고종은 경운궁(덕수궁)으로 환궁하게 되었다. 고종은 광무 원년(1887년 8월 15일)에 國號를 大韓, 年號를 光武194)라 고치고 갑오경장에서 大君主라고 하던 칭호를 皇帝로 바꾸고 국내외에 獨立帝國임을 선포하였다. 독립제국으로서 마땅히 헌법이 필요하므로 고종은 광무 3년(1899년) 8월에 9개조의 大韓國國制를 頒示한 것이다.195)

김철수 교수는 大韓國國制가 기본적 인권에 대한 규정이 없이 臣民의 의무(제4조)만을 규정하고 대의제도를 두지 않았고 권력이 황제에 집중되어 있는 점을 지적하여 대한제국의 기본법으로서의 의의

---

193) 김철수 교수는 한국 최초의 성문헌법으로 보고 있다. 김철수, 전게 「한국헌법사」, 16면 참조.

194) 光武改革과 독립협회의 개혁운동을 국가와 사회의 교차관계의 양 측면에서 파악하여야 하지 어느 일방에 대한 역사의 主流的 평가는 타당하지 아니하다고 본다.

195) 大韓國國制는 헌법제정의 起草기관으로서 입법기관인 中樞院(을미개혁때 형식적으로 합의체의 근대적 입법기관으로 설치하였으나 입법기관으로 활용되지는 아니하였다)에 의한 것도 아니고 建陽 2년 3월에 발족한 校典所에 의한 것도 아니며 光武 3년 7월에 法規校正所를 신설하여 기초한 것이다. 동 國制는 일반법률과는 달리 법률번호를 붙이지 아니한 국가 최고유일의 國制의 이름으로 선포하였으며 「大韓國國制」는 대한제국 고유의 헌법의 명칭이다. 대한국국제의 제정경과와 그 내용의 축조 해석 및 Johannes C. Bluntschli의 「Das moderne Völkerrecht der civilisierte Staaten als Rechtsbuch dargestellt」(이것의 譯書(A.P. Martin이 漢譯함)인 公法會通은 西歐法律書의 우리나라 최초의 出刊이다)의 영향에 대해서는 전봉덕, 전게서, 100면 이하 참조.

를 찾을 수 있지만 專制政體로서 의회나 臣民의 협의 없이 專政을 규정한 점에서 일본제국헌법보다도 낙후한 것이라고 평가하고 있다.196) 구병삭 교수도 동 國制가 절대군주제를 강조하여 민권사상이 후퇴한 것 같이 보인다고 언급하고 있다.197) 유진오 박사는 國漢文을 섞어 쓴 점은 一進步라 하겠으나 세계의 進運과 민중의 요구에 응하고자 하는 의도는 추호도 보이지 않고 도리어 이에 역행하여 君主獨裁의 鐵石 같은 제도를 확립하려 한 것으로서 頑冥固陋한 反動的 國憲이라 평가하고 있다.198) 전봉덕 교수는 동 國制가 大韓帝國의 憲法으로서 大韓國 大皇帝의 君權至上主義가 國制一編에 응결되어 있다고 보고 있다. 또한 헌법이란 명칭을 사용하지 않은 것은 의회의 協贊을 얻어 제정된 일본의 明治憲法과 그 성질이 다르기 때문이라 한다.199)

김철수 교수가 동 國制에 대해 한국 최초의 성문헌법으로 대한제국의 헌법이라 하는것200)은 관점의 차이로 용인될 수 있는 것이나 최종고 교수가 동 國制를 한국 최초의 근대적 헌법이라 하는 것201)은 근대적 의미의 헌법개념에 비추어 볼 때 타당하다고 보기 어렵지 않나 생각된다.202) 어쨌든 大韓國國制에 대한 부정적 평가가 지배적이지만 自主獨立國家의 國權確立(물론 民權保障이 당연히 중요한 핵심적 요소이다)의 몸부림으로서 절실한 당시의 역사적 상황하에서 그 역사적 의의를 이해 못할 바는 아니라고 생각된다.

생명권의 시각에서 고찰해 볼 때 동 國制 제정과정에 아쉬운 점이 많다. 중추원 부설 校典所에 미국유학에서 돌아온 신진개혁주의자인

---

196) 김철수, 전게서, 17면 이하 참조.
197) 구병삭, 전게 논문, 20면 참조.
198) 유진오, 전게서, 14면 이하 참조.
199) 전봉덕, 전게서, 100면, 106면 참조.
200) 김철수, 전게서, 16면.
201) 최종고, 전게 「법사와 법사상」, 431면.
202) 김효전, 전게 논문, 151면 참조.

서재필이 위원으로 참가하고 또한 미국인 顧問官으로 李善得(Charles William LeGendre), 具體(Clarence Ridgeby Greathouse), 柏卓安 (McLeavy Brown)이 참여하고 실무진으로 윤치호, 이상재 등 개혁파에 속하는 다수 인재가 발탁되어 있어서 미국헌법의 영향하에 천부인권론의 사상이 大韓國國制에 구현될 기대가능성이 있었으나 신진개혁파세력과 守舊세력 사이에 의견통일을 못하고 舊派들의 불출석으로 校典所의 기능을 발휘하지 못했다. 이어 校典所는 폐지되고 法規校正所가 신설되는데 여기에도 르젠드르, 그레이트하우스, 브라운은 特任되어 있었다.203) 그러나 大韓國國制는 기본권 규정을 두지 아니하였고 나아가 생명권 규정도 찾아 볼 수가 없다.204)

---

203) 최종고, 전게 「한국의 서양법수용사」, 31면 이하; 전봉덕, 전게서, 101면 이하 참조.

204) 개화파들의 생명권 인식에 대해서는 이미 언급한 바 있다. 이 글의 Ⅱ. 8. 3) 참조. 개화기의 헌법학에 관계된 인물들로는 兪致衡, 羅瑨, 金祥演, 趙聲九, 朴勝彬, 郭漢卓, 尹孝定, 安種和, 安國善, 정인호, 李相卨, 薛泰熙, 金成喜, 李漢卿 등이 있다. 이들의 著述 내지 譯述에 대해서는 직접 접근하기 어려우나 대략적인 윤곽은 2차 자료를 통해서 알 수 있다. 자세한 것은 최종고, "개화기의 헌법학," 전게 「한국법학사」, 276면 이하; 김효전, "한국 개화기의 국가이론," 「동아법학 제2호」(1986), 33면 이하(이 논문은 引用과 論述관계에 있어서 체계적 記述의 문제점을 안고 있기 때문에 通讀하는 측면에서 효율성의 時테크가 요구되고 있지만 자료집으로서의 역할을 충분히 하고 있다고 본다); 구병삭, "우리나라 개화기 공법이론의 근대화 -국가론을 중심으로-," 「월간고시」(1986. 1.), 12면 이하 참조. 우리나라 최초의 헌법교과서는 兪致衡의 「憲法」이다. 그는 헌법을 國體·政體의 大原則을 규정한 法則이라 하고 실질적 의의의 헌법과 형식적 의의의 헌법을 구별하고 있다. 나아가 國體와 政體의 구별을 전제로 하여 군주국체과 공화국체, 전제정체와 입헌정체를 구별하고 있다. 국가에 두 개의 主權이 없음은 하늘에 두 개의 태양이 없음과 같다고 하면서 최초의 헌법학자 치고는 완전히 君主主權論에 傾倒되어 憲法은 君主의 命令이고 주권은 군주가 자기고유의 권력으로 가지는바 國法을 통하여 부여받은 권리가 아니고, 다시 말해 주권은 법을 낳게 하는 원천이지 법의 결과가 아니기 때문에 헌법에 明言함으로 인하여 주권이 군주에게 존재하는 것이 아니라 군주는 자기고유의 권력으로 말미암아 헌법을 제정해서 주권이 군주에게 존재함을 宣明할 뿐이라고 하고 있다. 한국학 문헌연구소 編, 한국근대법제사료총서 7, 한국개화기 법학교과서 Ⅳ(유치형의)「헌법」(서울: 아세아문화사, 1981), 10면 이하 참조.

9. 일제 식민지 통치하에서의
헌법체제와 桎梏상태

　구한말 지배층의 자기호신책을 외세에 의존해서 도모하려고 한 기도와 일본 제국주의 세력의 강압 및 민중적 역량의 미성숙으로 대한제국은 일제 식민지화로의 길을 가게 된다.205) 법제 근대화과정에서 볼 때 1910년 이전에는 半植民地 상태에서 외압세력이 필요로하는 방향으로 한국법의 근대화가 이루어지고, 1910년에 일제가 한국을 강점・예속시킨 이후에는 한국법의 근대화란 미명 아래 일본의 경제적 침략을 法認하였으며 식민지지배를 위한 법적 토대를 마련하였다.206) 일제는 1910년 당시에 制令 제1호로써 「조선에 있어서의 효력에 관한 건」에 의하여 합방 이전의 惡法을 그대로 지속시켰는데 보안법, 광무신문지법 및 융희출판법 등이 그 예이고 이 법의 효력은 한국인에게만 미쳤다.207) 일제는 1911년에 「조선에 시행할 법률에 관한 건」으로 식민지 지배의 법적 기틀을 마련하였다. 조선에서의 법률사항은 조선총독의 명령으로 규정하는데 이를 制令이라고 하며 이 制令이 조선식민지 지배법제의 중추였다.208)

---

205) 한상범, 전게 논문, 23면 참조.
206) 박병호, 전게 「근세의 법과 법사상」, 551면 참조.
207) 한상범, 전게 논문, 24면 참조.
208) 制令은 일본의 법령을 의용하는 형태로 일본법을 시행하였는데, 내용적으로는 일본법과 같지만 형식상으로는 전혀 다르다. 제령 이외의 다른 법으로는 ① 조선에 시행 할 목적으로 제정된 법률과 칙령, ② 칙령으로 조선에 시행된 법률, ③ 규정의 내용상 당연히 조선에 효력을 미칠 법률과 칙령, ④ 합방 당시 효력의 존속을 인정한 구 한국법령과 일본법령, ⑤ 조선총독부령, ⑥ 경무총감부령, ⑦ 道令, ⑧ 道警務部令, ⑨ 島令이 있다. 이밖에 훈령 통첩 회답 등의 행정명령이 있다. 조선민사령, 조선형사령을 비롯하여 가장 중요한 제령은 36년간 총 676건으로 舊制令을 개폐하는 것을 제외하면 270건에 이른다. 박병호, 전게서, 552면 참조.

일본제국주의는 1889년에 입헌민주주의체제와 천부인권사상에 깊
숙하게 빠져들 수 없었던 후발 제국주의 국가인 프러시아의 外見的
立憲主義 憲法의 변조판이라고 할 천황주권의 헌법을 제정하였는데
그것이 이른바 「大日本帝國憲法」이다.209) 이 제국헌법은 참뜻의 인
권을 인정하고 있지 않았다. 그 제2장의 규정은 인간인 것을 기본으
로 하여 인정된 인권이 아니고 천황의 은혜로운 뜻에 의하여 천황의
권위에 근거하고 그 권위를 제약하지 않는 범위에서 신민에게 주어
진 臣民權에 불과하였다.210) 식민지 지배상 필요한 법률들을 의용하
면서도 동 헌법은 그나마 인권사상의 침투를 염려하여 식민지 조선
에서는 의용하지도 않았다.211) 일제의 식민지 법제는 서양법제의 변
조·개악판으로서 일부 외형을 서방법제의 형식을 딴 것이었으나 法
治나 基本權尊重이라는 가장 중요한 알맹이가 빠진 것일 수밖에 없
었다.212) 朝鮮刑事令 중에는 일본형사소송법 중의 인권보호에 관한
규정의 적용을 배제하는 차별적 특별규정을 둔 것이 적지 않았
다.213) 인권의 질곡상태에 있었기 때문에 생명권의 인식을 기대할
여지가 없었다. 이러한 와중에서 남녀노소나 직업을 가리지 않는 온
민족의 부르짖음이 1919년 3·1 獨立宣言이었다.214) 이 독립운동은

---

209) 한상범, 전게 논문, 24면 참조.
210) 허혁(편), 「현대 헌법의 머나먼 길 ─ 대일본제국헌법의 탈신화화」(서울: 성광문
    화사, 1987), 23면 참조.
211) 김효전, 전게 "한국 개화기의 국가이론," 134면 참조.
212) 한상범 교수는 다음과 같이 記述하고 있다. 대다수 조선농민을 小作人으로 몰
    락시키고 일부 친일양반·유생을 지주로 확정하고 (토지조사사업으로) 광대한
    토지를 국유지로 편입시켜 영국동인도회사의 일본판이라 할 동양척식주식회사
    에 헐값에 불과하여 줌으로써 이들을 비호하였다. …친일세력을 육성해오며 한
    편으로 한국의 역사를 왜곡하여 植民史觀=停滯史觀을 계통적으로 보급하고 마
    침내는 神社참배라고 해서 천황숭배를 의무화시키고 한국인의 姓과 말과 글까
    지도 말살하고자 광분하였다. 특히 일제가 제2차 세계대전 개시 이전에 이미
    國家總動員法에 따른 인적·물적 수탈이 극에 달했고 징병제의 시행으로 한국
    인 청년을 전장터로 몰아 넣었다. 전게 논문, 24면 이하 참조.
213) 박병호, "법제면에서 본 일제의 통치방식," 전게 「한국법제사고」, 439면.
214) 유진오 박사는 3·1 독립선언을 己未革命으로 평가하고 大韓民國憲法의 法源

우리 민족의 각계각층이 참여하여 한국의 近代民族主義를 크게 성장시켰으며 민족의 자유와 독립을 외친 한국사 최초로 실현된 民族的 動員이었고 이것은 大韓民國臨時政府의 수립으로 이어졌다.215)

식민지법제는 우리에게 부정적인 유산을 남겼다. 우선, 식민지법의 통제적 기능으로 사회경제분야에서는 식민지자본의 침투가 용이하게 한국사회의 구조를 재구성하는데 법제가 적극적인 기능을 하였다. 형사법은 한국인의 사상적·정치적 활동을 제약하는 기능을 하여 극단적으로 팽창하였으며, 특별형법이 증가하였다. 법집행절차에서도 적법절차는 무시되고 불법적인 관행이 횡행하였다. 둘째, 법집행에서의 자의성과 차별성이 두드러졌다. 마지막으로 일제의 억압적이고 권위적인 법집행은 법 전반에 대한 부정적인 사고를 심화시켰다. 식민지의 법경험은 현재의 법에 대한 도구주의적 사고와 법률만능주의, 법에 대한 두려움과 불신을 낳는 직접적인 계기가 되었다.216)

의 하나로 보고 있다. 유진오, 전게서, 17면 참조.
215) 김영수, 「대한민국 임시정부헌법론」(서울: 삼영사, 1980), 45면 참조.
216) 박병호, 전게서, 553면 이하 참조.

10. 최초의 근대적 의미의 民主國家體制
─ 大韓民國臨時政府와 그 憲法[217]

　1919년 2월 8일 일본 동경에서의 독립선언, 3월 1일의 거족적 독
립선언, 3월 6일 서간도에서의 독립선언, 3월 16일 북간도에서의 독
립선언에 나타난 독립을 위한 한민족의 의지는 자연히 조직적인 국
가 차원의 독립투쟁과 자주정부수립을 갈망하게 되었다.[218] 따라서
露領의 大韓國民議會의 決議文, 朝鮮民國臨時政府의 布告文과 創立
章呈, 新韓民國政府의 宣言文, 大韓民國臨時政府(세칭 상해임시정부)
의 臨時憲章, 玄楯을 총무로 한 新韓靑年黨의 臨時獨立事務所의 韓
國獨立宣言文(상해), 漢城政府의 臨時政府宣布文과 決議事項 등이 發
布되었다. 이 중에서 조선민국임시정부와 신한민국정부는 假案으로
서 「삐라 政府」·「地下政府」였고 실제로 실현된 정부는 대한국민의
회, 한성정부, 상해임시정부 등 셋이었다.[219] 김범주 교수는 이들 임
시정부의 공통점으로 다음 4가지를 거론하고 있다. 첫째, 불완전하
지만 모두가 민주주의를 표방한 정부를 선포하고 있다. 둘째, 임시정
부의 고위책임자는 정치적·종교적 사상이나 현지거주 유무에 관계

---

217) 유진오, 전게서, 18면 참조. 한태연 박사는 최초의 근대적 의미의 헌법이라 평
　　 가하고 있다. 한태연, 전게 논문, 40면 참조. 영국에 있어서의 민주적 운동의
　　 주동자였던 청교도 中·獨立派의 一群인 pilgrim fathers가 종교적 압박을 피하
　　 여 Mayflower號로 자유의 신천지 미 대륙으로 향하는 도중에 그 船上에서 전
　　 원일치로 맺은 식민지 계약(1620년 11월 11일)은 근대적 성문헌법의 선구였다
　　 고 한다. 박은하, 「미국헌법대의」, 序, 3면. 입헌주의의 근대적 정의에 관한 전
　　 혀 상반된 태도에 대해서는 Charles H. McIlwain, 「Constitutionalism: Ancient
　　 and Modern」, 김준환 譯, 「헌법과 정치─입헌이론의 史的 전개」(서울: 법문사,
　　 1966), 10면 이하 참조.
218) 김영수, 전게서, 69면 참조.
219) 상게서, 69면; 구병삭, 전게 논문, 21면; 김철수, 전게서, 18면; 김범주, "대한민
　　 국임시정부 헌정사," 전게 「한국헌법사(상)」, 242면 이하; 홍순옥, "상해임시정
　　 부의 정통화과정," 「신동아」(1968.3.), 319면 참조.

없이 모두가 저명 애국지사들이 추대되었다. 셋째, 임시정부의 약헌
이나 헌장 등이 모두 임시정부의 헌법이라기보다는 실질적으로 독립
운동을 위한 조직적 저항운동단체의 기본법으로서의 성격이 강하다.
넷째, 임시정부의 대부분이 파리강화회담에 크나큰 기대를 걸고 있
었다.220) 어쨌든 국제법상 불법적인 조약에 의하여 상실된 국권221)
을 회복하기 위하여 수립되었기 때문에 복수의 임시정부는 자연스레
단일한 정부로 통일될 수밖에 없었다. 따라서 1919년 9월에 상해의
대한민국임시정부가 개헌의 형식으로 국민의회를 흡수하고 한성정부
와 통합함으로써 단일의 정부로서 그 통일성이 확립되었다. 이렇게
하여 성립된 대한민국임시정부는 1945년 11월 23일 광복된 조국에
환국할 때까지 27년 동안 한민족의 정신적 대표기관으로서 그 지위
를 유지해왔고 동시에 전민족의 혁명총지도기관적 지위를 확보하였
다.222) 민족의 동일성은 유지되고 있었지만 대한민국임시정부가 대
한제국을 계승하여 국가의 동일성을 유지하고 있는지의 여부가 문제
된다. 을사보호조약과 한일합병조약의 법적인 무효를 근거로 한 경
우223)와 대한제국이 사실상 소멸한 경우를 전제로 하는 경우로 나누

---

220) 김범주, 전게 논문, 259면 이하 참조. 이것은 김영수, 전게서, 92면 이하에 바
    탕을 둔 것이라고 보여진다.
221) 고종황제가 을사보호조약 체결을 거절하자 伊藤은 軍과 憲兵을 동원하여 大臣
    들을 강압하는 공포분위기 속에서 철야회의를 강행하고 外部大臣印을 강탈하
    여 불법적으로 조약을 조인하였다. 이렇게 불법적으로 조인된 조약에 대하여
    무효를 주장한 고종황제의 지시에 의한 1907년 6월의 만국평화회의 대한제국
    대표 파견사실을 계기로 고종황제를 강제로 퇴위시키고 일제는 1910년 8월 22
    일 李完用으로 하여금 한일 합병조약에 조인토록 강요하여 일주일 후인 8월
    29일에 대한제국을 병합하였다. 김영수, 전게서, 44면 이하 참조.
222) 김영수, 전게서, 90면.
223) 한형건 교수는 정통성이라 함은 국제법상의 2대 원칙인 實效性의 原則(Effekti-
    vitätprinzip)과 適法性의 原則(Legitimitätprinzip) 중 후자를 지칭한다고 하면서
    일본의 일방적인 폭력적인 행위에 의한 합병조약은 무효라고 하고 있다. 즉
    "법이 폭력으로부터 이루어지지 않는다(ius ex injuria fierinequet)"는 법격언에
    비추어 봐도 그렇고, 한·일병합조약은 일본에 의해 세워진 이완용괴뢰정권과
    일본과의 합의에 불과하며 한국민의 진정한 의사와는 아무런 관계가 없는 것
    이므로 이 조약의 효력은 발생한 것으로 볼 수 없다는 것이다. 아울러 기미독

어 볼 수 있다. 전자의 경우에는 국가의 동일성이 유지되어 대한민국임시정부가 그 계승권자(국가의 형태의 측면에서가 아니라224) 국가의 기능의 측면에서)로서 대한제국의 모든 국제법상의 권리의무를 승계하게 될 것이고 후자의 경우225)는 민족의 동일성에 입각한 새로운 국가의 수립으로 대한제국이 가졌던 국제법상의 권리의무를 승계할 것인지를 대한민국임시정부의 주권적 재량으로 결정할 수 있었을 것이다. 대한민국임시정부의 법적인 지위에 대해서 특수한 범주에 속하는 망명정부적 성격을 가지는 임시정부로 보는 것이 타당하다고 본다.226) 임시정부는 중국령 프랑스 租界에서 환국할 때까지 전후 5

립운동은 한국국민의 主權반환청구권의 행사로 보고 있다. 한형건, "대한민국의 정통성", 「한태연박사기념논문집」, 51면, 63면 이하 참조.

224) 대한제국과 대한민국임시정부와는 국가형태의 차원에서는 근원적인 차이가 있다. 전자가 帝國형태로서 군주국가인 반면 후자는 공화국형태의 민주국가이기 때문이다.

225) 한태연 교수는 대한민국임시정부는 식민화 이전 국가의 임시정부가 아닌 혁명적 한계상황에 입각한 새로운 국가의 정부를 의미한다고 한다. 한태연, 전게논문, 40면 참조

226) 김영수, 전게서, 67면 참조. 망명정부의 개념이 세계 1·2차대전기간 동안에 성립된 역사적으로 오래되지 않은 개념이기 때문에 국제법상 명확한 개념확립과 그 법적 효과에 대해서 정립된 이론은 존재하지 않는 것 같다. 망명정부에 대한 국제법상의 승인요건에 대해서도 대한민국임시정부의 경우(그 승인관계에 대한 史實에 대해서는 김영수, 전게서, 61면 이하; 김범주, 전게 논문, 276면 이하 참조)에 그 요건충족 여부에 대해 긍·부정의 판단이 내려질 수 있다. 어쨌든 대한민국임시정부와 대한민국과의 관계에서 그 정통성 여부만 확정한다면 대한민국임시정부에 대해 굳이 국제법상의 망명정부이론에 얽매일 필요는 없다고 본다. 대한민국임시정부는 대한민국의 전단계에 존립하였던 과도정부로서의 임시정부였다는 것의 법통성을 부인할 수 없는 사실이기 때문에 대한민국이 대한민국임시정부의 국제법상의 권리의무를 승계한다면 국제법상의 모든 문제는 해소될 수 있을 것이다. 그러나 대한민국임시정부가 팔레스타인 민족해방기구(PLO)와 같이 민족해방단체 내지 독립을 위한 조직적 저항운동단체의 일종, 단순한 항일운동단체에 불과한 것으로 보는 것은 받아들이기 어렵다. 헌법이 존재하고 정부가 組閣되어 있고 민족의 동일성 바탕 위에 서 있지만 국민만을 실효적으로 지배하지 못하고(聯通制에 의한 연결망은 존재하고 있었음) 있을 뿐이기 때문에 그 국가적 성격을 처음부터 인정할 수 없는 바탕 위에서의 접근방법은 문제가 있다고 보여진다. 또한 실효적 지배에 관한 문제도 Tobar主義에 입각한다면 승인받을 수 없는 일제의 사실상의 불법지배만 계속되고 있었던 것이다.

차에 걸쳐 임시헌법을 제정 또는 개정하고 1941년의 건국강령을 포함하면 도합 7개의 임시헌법을 가지게 되었다.227) 즉 노령의 결의안에 나타난 대한국민의회의 대통령제, 상해임시정부의 임시헌장상의 국무총리제, 한성정부約憲상의 집정관총재제는 제1차개헌(1919)의 임시헌법(상해)에서는 대통령제로, 제2차개헌(1925)의 임시헌법(상해)에서는 國務領制로, 제3차개헌(1927)의 임시約憲(상해)에서는 국무위원제로, 제4차개헌(1940)의 임시約憲(중경)에서는 주석제로, 제5차개헌(1944년)의 임시헌장(중경)에서는 主·副主席制로 정부형태가 바뀌었다. 우리나라의 헌법사를 민주국가체제의 관점에서 대한민국임시정부의 헌법사로부터 시작할 수도 있을 것이다.

　민족사의 정통성(historical orthodox)이란 민족의 주체성(national identity)과 국가의 정통성(legitimacy) 및 문화의 전통성(cultural tradition)이 상호 조화를 이루면서 성립되는 것이라 한다.228) 그런데 대한민국 건국헌법은 대한민국임시정부헌법을 계승하여 개헌한 것이 아니라 새로 제정한 제헌헌법이었다. 따라서 대한민국임시정부헌법과 대한민국 건국헌법과의 관계가 문제된다. 구병삭 교수는 臨政과 그 헌법의 정신은 우리나라의 건국정신이며 국가의 계속성인 동시에 헌법의 法的 正統性이라 할 수 있다고 한다.229) 대한민국임시정부와 헌법의 존립근거는 거족적인 3·1독립운동의 독립정신에 있다. 그리고 제헌헌법 이래의

---

227) 김영수, 전게서, 70면. 자세한 경과에 대해서는 동 95면 이하; 김범주, 전게 논문, 279면 이하 참조.

228) 김영수, 전게서, 185면; 김범주, 전게 논문, 272면.

229) 구병삭, 전게 논문, 25면. 이에 반하여 한태연 박사는 임시정부헌법은 어디까지나 우리 사회의 암흑시대에 있어서 그 希願으로서의 독립을 상징한 망명정부의 헌법이지 결코 그대로 현행헌법과 직결될 수 있는 실정적 헌법은 아니라고 보고 있다. 한태연, 전게 논문, 41면 참조. 여기에 대해서는 임시정부의 성격을 망명정부로 보고 있는 점, 임정헌법을 단순히 독립을 상징한 헌법으로 보고 있는 점에 보다 세밀한 검토가 따라야 할 것으로 보인다. 제헌헌법 및 제헌국회에서 나타난 임시정부의 정통의식에 대해서 자세한 기술은 김영수, 전게서, 200면 이하 참조.

헌법전문에 3·1운동과 그 법통 계승을 규정하고 있다. 또한 대한민국 임시정부 헌법 제1조에 "대한민국은 민주공화국이다"라는 규정은 제헌헌법 이래의 모든 헌법에 계승되어 있다. 임정헌법편제도 제헌헌법에 가미되어 있다.[230) 따라서 대한민국임시정부와 그 헌법은 그 활동과 민족사의 정통성, 헌법체계에 비추어 볼 때 대한민국헌법과 국가적 차원의 법적 정통성으로 연결될 수 있다고 본다.

생명권의 시각에서 살펴보면 1919년 4월 11일의 임시헌장 제4조에서 신체의 자유를, 제9조는 생명형의 폐지를 규정하였는데 생명형의 폐지는 현재의 헌법재판소판례, 대법원판례의 태도보다 훨씬 시대에 앞선 것이며 진보적인 것이다. 동 정강 제1호에서 외국인의 생명까지 보호한다는 규정을 두고 있다. 1919년 9월 11일의 임시헌법 제9조 제1항에서 인민은 법률에 의치 아니하면 체포·查察·訊問·처벌을 受치 아니하는 권리를 가진다고 규정하고 1941년 건국강령 제3장 제4조 (ㄷ)호에서 신체자유를 규정하고 1944년 4월 22일 제5차 개헌의 임시헌장에는 제5조 제6호에서 신체의 자유에 대해 보다 구체적으로 규정하였으며 제7조에서는 과잉금지원칙을 최초로 선언하고 있다.

11. 美軍政하에서의 헌법체제

1945년 8월 20일 미군의 B29가 서울 상공에 나타나 미군의 진주를 예고하는 웨드마이어 장군 명의의 삐라를, 9월 2일에는 미 제24군단 사령관 하지 중장의 포고 삐라를 서울 시내에 살포하였다. 동

---

230) 구병삭, 전게 논문, 25면 참조. 유진오 박사가 제헌헌법기초에 참고한 자료에도 대한민국 건국강령(民國 23년 12월 28일 임시정부 국무위원회에서 공포한 것)이 들어 있다. 유진오, 「헌법기초회고록」(서울: 일조각, 1980), 22면.

9월 6일 미군 선발대의 사절 해리스 준장 일행이 김포 비행장에 도 착하고 하지 중장의 지휘하에 있었던 미 7함대소속 일단의 미군이 동 9월 8일 오후 1시 월미도에 상륙을 개시하고 미군대표들은 동 시각에 인천에 도착하였다. 한국측은 우익진영이나 건국준비위원회 나 미국측과는 하등 공적인 사전 접촉 없이 미군의 상륙을 맞게 되 었다. 이에 반하여 일본측은 패자이면서 미군을 공식적으로 맞이하 여 주객이 바뀐 것이다. 동 9월 9일 오후 3시 45분 제24군단 사령 관 하지 중장과 제7함대 사령관 킨케이드 제독은 조선총독부 제1회 의실에서 일본군 上月 제17방면 사령관, 야마구찌 진해 경비부사령 관, 阿部 총독 등으로부터 "미국군 태평양방면 최고사령관 代理 在 朝鮮 미국군 사령관에 대한 조선 북위 38도 이남지역의 일본 육· 해·공군 고급지휘관의 항복서"를 받았다. 그리하여 1945년 9월 9일 바로 이 시각부터 북위 38도선[231] 이남의 남한지역은 미군의 軍政 (military control)으로 들어갔다.[232] 동 오후 4시 30분 총독부 정문 앞에 달렸던 일장기가 강하되고 이에 대신하여 성조기가 게양되었 다. 맥아더 대장은 이날로 '조선인민에게 고함'이라는 포고 제1호, 제2호, 제3호를 발포하였는데 그것은 군정의 헌법적 역할을 하게 되 었다. 포고 제1호는 점령군의 위치에서[233] 38도 이남의 조선영토와

---

231) 38선은 한국해방을 공약한 어떠한 국제회의에서도 논의된 바가 없고 단지 종 전 무렵에 소련이 대일전에 참가하고 한국지역에 침입하여 그 남하하는 속도 가 너무 빨랐기 때문에 예정된 바 없이 일본군 무장해제를 위해 급히 만들어 진 군사분계선이라는 견해가 지배적인 것 같다. 또한 38도선은 '일반명령 제1 호'에 따르면 단지 일본군의 항복을 시행하기 위해 마련된 것이지 미·소 두 군대의 군사적 점령이 목적이 아니었다는 견해도 있다. 송남헌, 「해방 3년사 Ⅰ 945-1948」(서울: 까치, 1985), 86면, 87면 참조.
232) 한국에 진주한 미군은 한국에 대한 정확한 지식과 정보 및 치밀한 군정실시계 획도 없었다 한다. 따라서 치밀하게 계획된 북한에서의 간접적인 蘇軍政과 대 조적으로 많은 마찰과 실책을 거듭하게 되었고 美軍政은 인민공화국을 중심으 로 한 좌파세력과 이승만·김구 등 우파세력의 어느 한 쪽도 만족시킬 수 없 는 가운데 군정을 실시해야 했다고 한다. 문광삼, "미군정기 헌법사", 전게 「한 국헌법사(상)」, 313면, 316면 참조.

조선인민에 대한 통치의 모든 권한이 당분간 맥아더 사령부의 군정
하에서 시행된다는 것이고 조선인민공화국은 물론 대한민국임시정부
조차도 주권행사기관으로 인정하지 않았다. 포고 제2호는 미국이나
미국동맹국의 인민의 재산, 생명의 안전 또는 보존에 저촉되는 행위
를 하는 자 등에게 군사점령법정의 재판에 의하여 사형 혹은 그 법
정이 결정하는 기타의 처벌을 당한다는 것이고 제3호는 通貨에 관한
것이었다.234)

　9월 9일 조선 총독의 항복을 수락한 이후에도 항복문서 제5조에
의거하여 일본의 문관과 무관은 연합군 사령관에 의하여 면직되지
않는 한 현직에 유임하여 직무를 수행하게 되었다. 하지 중장235)은
9월 12일 阿部 총독을 해임하고 아놀드 소장을 군정장관에, 경무국
장에 헌병사령관 쉬크 준장을 임명함으로써 군정의 제1보를 내딛었
다. 동월 14일에는 정무총감 이하 각 국장을 해임하였으나 행정고문
으로 잔류할 것을 명하였다. 동 18일에는 미군의 각 국장이 임명되
고 동 20일에는 군정청 조직의 발표가 있었는데 "군정청이라는 것
은 '인민의, 인민을 위한, 인민에 의한 민주주의 정부를 건설하기까
지의 과도기간에 있어서 38도 이남의 한국지역을 통치·지도·지배
하는 연합군 총사령관 아래서 미군에 의하여 설립된 임시정부이며

---

233) 그러나 1945년 9월 1일 연합군 사령관 맥아더의 「제24군단에 보내는 명령 제
　　55호」는 ① 미군은 한국을 피점령지로 취급하지 말고 민중과 알력이 없도록
　　할 것, ② 카이로와 포츠담 양 선언의 취지를 이행하는 데 주력할 것, ③ 日軍
　　의 무장해제를 단시일 내에 할 것, ④ 자유주의에 입각한 한국민의 자치능력을
　　가능한 한 지원할 것, ⑤ 현행 행정기구를 최대한 활용할 것, ⑥ 친일파로 낙
　　인찍힌 인사를 행정에서 제외할 것, ⑦ 정치·사회단체가 민주주의에 역행할
　　때에는 통제할 것, ⑧ 일본인 관리들을 가급적 속히 한국인으로 교체할 것 등
　　을 내용으로 하는 것이었다 한다. 문광삼, 전게 논문, 314면 참조.
234) 송남헌, 전게서, 88면 이하, 92면, 96면 이하 참조.
235) Hodge는 한국인을 準友好的으로(semifriendly), 해방된 국민(liberated people)으로
　　대우하라는 상부의 지시를 무시하고 한국민을 準敵國民으로 보고 한국인을 신뢰하
　　지 않았다 한다. 문광삼, 전게 논문, 318면. 여기에는 일본 제7방면 사령관 고오즈
　　끼 중장의 奸言이 작용하고 있었다고 본다. 송남헌, 전게서, 93면 참조.

군정청은 남한에 있어서 유일한 정부라는 것이다."236) 동년 10월 5
일 군정장관 한국인 고문으로 김성수, 전용순, 김동원, 이용설, 오영
수, 송진우, 김용무, 강병순, 윤기익, 여운형, 조만식의 11명이 임명
되었는데 여운형(사퇴)과 조만식(불참)을 제외한 9명은 한민당 계열
이었고 총독부의 자문위원이었던 김성수가 위원장이 되었다. 자연히
미군정 초기에 가장 큰 영향력을 행사했던 것은 日人 총독부관리들
과 한민당이었다.237) 미군정은 12월에 들어서면서 미국인과 한국인
의 兩局長제도를 실시하고 해가 바뀌어 1946년 2월 14일에 大韓民
國 代表民主議院이 설립되고238) 1946년 3월 29일에 군정청의 局을
部로 개편하면서 군정청의 各 部處의 部長·處長에 한국인을 임명하
였다. 1946년 12월 12일에 간접선거로 선출된 民選議員 45명, 하지
에 의해 임명된 官選議員 45명으로 구성된 南朝鮮過渡立法議院이
설립되었다. 입법의 형식은 남조선과도입법 의원에서 제정하고 군정
장관이 이를 동의하는 형식을 취하였다. 1947년 2월 10일 안재홍이
민정장관에 취임함으로써 사법권은 김용무 씨, 입법권은 김규식 박
사의 영도 하에 있었기 때문에 입법·행정·사법의 3권이 移讓된 외
양을 보이고 남조선과도정부239)가 형성되어 있었지만 실질적으로 군

---

236) 송남헌, 전게서, 99면, 100면 참조.
237) 송남헌, 전게서, 101면 참조.
238) 미군정은 처음에는 1946년 2월 1일에 결성된 非常國民會議에 기대를 걸고 2월
    14일에 구성된 在南朝鮮大韓民國代表 民主議院을 자문기관으로 인정하였다. 이
    민주의원은 군정청 제1회의실에서 開院했는바 의장은 이승만, 부의장은 김구·김
    규식이었으며 대표의원은 28명이었는데, 조선인민당이 탈퇴함으로써 우익진영만
    의 자문기관으로 되었다. 이승만은 民主議院의 성격을 '공산당을 제외한 각정당
    과 각계각층을 망라하여 조직된 대표기관'이라고 강조하고 있었다. 民主議院은
    1946년 2월 23일 제4차회의에서 민주의원규범 32조를 통과시키고 3·1절기념
    식을 거행하고 27개항의 臨時政策大綱을 통과시켰다. 자세한 것에 대해서는 김
    철수, 전게 「한국헌법사」, 43면 이하 참조. 유진오 박사는 憲法起草에 참고한 자
    료의 하나로 民主議院案의 大韓民國臨時憲法을 거명하고 있다. 유진오, 전게 「헌
    법기초회고록」, 22면.
239) 남조선과도정부는 기구개혁위원회를 설치하여 현실적인 기구개혁안을 작성 실
    시하였는데 종래의 13부 6처가 13부 2처 1특별국으로 폐합하는 동시에 인사

정장관과 주한미군사령부와 태평양미육군사령부와 미국정부의 휘하
에 놓여 있었다. 입법은 군정청에서 독점하고 군정반발에 대한 회유
책으로 남조선과도입법의원이 운영되었다.240) 南朝鮮過渡立法議院은
1947년 2월 28일에 南朝鮮過渡約憲案을 작성하고 8월 6일 朝鮮臨時
約憲을 의결하였다.241)

　　軍政은 軍이라는 특수신분의 인사나 집단이 그 특수신분의 성격을
통해서 정치적인 권력을 행사하는 것이라고 定義된다.242) 美軍政期
의 한국의 국가적 성격에 관해서는 非國家說,243) 生成中의 國家

　　　위원회와 중앙경제위원회를 두었다. 김철수, 전게서, 31면 참조.
240) 남조선과도입법의원은 약 1년 6개월 동안 존속하여 법률안을 제정하였는데 군
　　　정장관의 인준을 받은 것은 불과 12건이었고 양이나 질의 면에서 그 역할은
　　　미미하였다. 자세한 것은, 문광삼, 전게 논문, 331면 이하 참조. 김철수 교수는
　　　15건의 입법목록을 들고 있는데 남조선과도입법의원법(1946년 12월 30일), 民
　　　族反逆者·附日協力者·奸商輩에 대한 특별법률조례(1947년 7월 2일), 사찰재
　　　산임시보호법을 거론하고 裡里邑의 府昇格案을 거론하고 있지 않은 점에 숫자
　　　상의 차이가 있다. 김철수, 전게 「한국헌법사」, 52면 참조. 구병삭 교수는 당시
　　　군정장관의 인준보류로 남조선과도약헌, 민족반역자·부일협력자·간상배에 대
　　　한 특별법률조례, 사찰재산임시보호법등은 실시되지 못했다고 한다. 구병삭, 전
　　　게 논문, 28면, 주 13) 참조. 이상을 조망해 볼 때, 남조선과도입법의원의 입법
　　　목록에 대해 각 문헌상의 공포날짜의 차이점이 노정되고 총건수의 면에서도
　　　차이가 나나 위 입법의원의 입법업적은 13건으로 추정된다.
241) 남조선과도약헌안과 그 제안설명서 및 조선임시약헌의 자료에 대해서는 김철수
　　　編, 「입법자료교재헌법」(서울: 박영사, 1985), 증보판, 13면 이하; 조선임시약헌
　　　안의 讀會 및 批准保留에 관한 논의에 대해서는, 국회도서관, 헌정사자료 제7
　　　집, 「임시약헌제정회의록(과도입법의원)」(1968년), 1면 이하 참조.
242) 문광삼 교수는 軍政의 특색으로 1) 정치권력의 장악과정에서 경쟁의 원리가 적용
　　　되지 아니하고 권력행사과정에서 민주적 절차가 무시되며 정치권력행사의 결과
　　　에 대한 책임성이 약화내지 결여된다는 점을 들고 있다. 동 교수는 현실적으로 드
　　　러날 수 있는 군정의 특색을 다음과 같이 설명하고 있다. 첫째로 군정담당자는 지
　　　배자일 뿐 지도자나 대표자는 될 수 없다. 군정담당자의 任免은 주민의 의사와는
　　　무관하게 행하여지며 절대적 권력을 행사하나 주민에 대하여 책임을 지지 않고
　　　군의 작전상의 이유라면 무엇이든지 합리화·정당화될 수 있다. 둘째로 군부의
　　　작전상 행사되는 절대권은 자국의 대외정책의 추구나 국가이익을 위해 전개되기
　　　때문에 사실상 군정대상 지역주민들에 있어서는 강압통치를 일관하게 된다. 셋째
　　　로 정상적·항구적 정치질서가 아니고 일시적·잠정적 체제이기 때문에 장기적
　　　인 계획에 의한 통치를 실시하지 못하고 단기적·즉흥적 지배를 할 뿐이다. 문광
　　　삼, 전게 논문, 323면, 324면 참조.
243) 송남헌, 전게서, 100면 참조. 미군정이 남한의 유일한 정부이고 어떠한 한국정

說,244) 6段階說245) (純軍政단계-軍·民政의 合致단계-民政단계-過渡的 臨政단계-南北統一臨政의 단계-正式政府樹立의 단계) 등이 있다.246) 미군정기 지배법제의 法源으로서는 태평양미국육군총사령부의 布告(Proclamation), 南朝鮮過渡政府의 法律(Public Act), 在朝鮮미국육군사령부군정청의 法令(Ordiance), 재조선미국육군사령부군정장관실의 行政命令(Executive Order), 各部의 長이 발하는 部令(Department Order), 各局의 局長이 發令한 訓令(Bureau Order), 군정청 管財處의 재산관리관이 발령한 管財令(Custody Order), 各處의 行政官 내지 각 委員會의 委員長이 발령한 規則(Regulation)이 있었다.247)

문광삼 교수는 미군정 3년에는 궁극적으로 점령자로서의 지배와 해방자로서의 기대 사이에 메울 수 없는 深淵이 가로놓여 있었다고 주장하여 전반적으로 부정적 색채가 농후하게 평가하고 있다.248) 김철수 교수는 미군정입법이 제헌헌법에 미친 영향을 보다 구체적으로 긍정적으로 평가하고 있다. 즉 경찰의 민주화를 위한 노력, 사법권의 독립보장,249) 법전편찬위원회의 헌법안논의, 미군정의 기본권보장입법과 통치기구조직입법이 제헌헌법에 미친 영향 등에 대해서 검토하고 있다.250) 한상범 교수는 미군정은 어디까지나 점령군이었고 점령정책의

부도 존재할 수 없다는 것이다.
244) 軍政期 대법원은 1947년 9월 2일 夫에게 우월적 지배권을 부여하여 妻의 능력 제한을 규정한 민법 제14조 제1항에 대하여 위헌선언을 하였다. 당시에 시행되는 민법 규정을 실정 헌법전에 의거하지 않고 위헌처리하여 현재 남한에 헌법이 존재하는가, 이른바 민주주의 이념이 위헌판결의 기준으로서 헌법이라 할 수 있는가, 대법원이 위헌법률심사권을 가지는가 등의 문제가 제기되었는데 이를 정당화하는 이론이 생성중의 국가설이었다. 홍진기, "사법재판소의 법률심사", 「법정」 제2권 제10호(1947), 4면 참조.
245) 南朝鮮過渡政府 立法議院의 서상일 議員이 南朝鮮過渡約憲의 제안설명서에서 주장한 이론이다. 김철수 編, 전게서, 15면 참조.
246) 자세한 것은 문광삼, 전게 논문, 325면 이하 참조.
247) 자세한 것은 문광삼, 전게 논문, 320면 이하 참조.
248) 자세한 내용에 대해서는 문광삼, 전게 논문, 359면 이하 참조.
249) 사법권의 독립에 관한 당시 김용무 대법원장과 사법부행정차관 전규홍의 견해 차이에 대해서는 김철수, 전게서, 41면 참조.

범위 안에서의 군정이었었기 때문에 군정으로서의 한계를 지닌다고 지적하고, 친일부역행위에 대한 민족적 심판을 하지 못한 것과 일제 구법령체계를 존속시키는 과정에서 친일관료를 법제운영에 온존시켜 관료주의적 전통이 유지·강화되었기 때문에 한국의 법률 및 정치문화에 상당한 역기능을 가함으로써 신생한국의 민주주의 토대가 자리잡을 수 없었다고 질타하고 있다.251)

미군정시기에252) 헌법적 역할을 한 각종 布告, 大韓民國臨時憲法 (民主議院案), 朝鮮臨時約憲 등 헌법사적인 측면에서 거론해야 할 사항들은 있으나 이 시기를 우리 헌법사의 출발점으로 삼는 데 있어서의 뚜렷한 경계지표를 찾아보기는 어려울 것 같다.

생명권의 시각에서 볼 때 먼저 1945년 10월 9일에 발포된 미군정청 법령 제11호의 규정을 거론할 필요가 있다. 동 법령은 조선인민과 그 통치에 적용하는 법률로부터 조선인민에게 차별 及 압박을 가하는 모든 정책과 主義를 소멸하고 조선인민에게 正義의 정치와 법률상 균등을 회복케 하기 위하여 左記 법률과 법률의 효력을 가진 條令 及 명령을 폐지한다고 하고 있다. 이에는 政治犯處罰法, 豫備檢束法, 治安維持法, 出版法, 政治犯保護觀察令, 神社法, 警察의 司法權이 들어 있다. 동 제3조는 형벌의 제한이라는 제목 아래 ① 어떠한 사람이든지 其 行爲에 대하여 그 범행 당시의 현행 법률에 처벌할 조문이 명백히 기록되어 있지 아니하였으면 죄명을 정하거나 판결을 언도하거나 형벌을 가하지 못함, ② 범죄 혹은 犯科의 확정 없이 사람을 拘留하거나 법적 심문과 판결 없이 형벌을 가함을 금함이라 하고, 동 제4조에서는 本令의 규정을 犯하는 者는 軍律裁判所의 판결과 동시에 그

---

250) 자세한 것은 김철수, 전게서, 36면 이하, 55면 이하 참조.
251) 한상범, 전게 논문, 28면 이하 참조.
252) 미군정은 맥아더, 하지의 휘하에 아놀드(1945년 9월부터), 러취(1946년 12월부터), 딘(1947년 9월부터) 등이 차례로 군정장관이 되었다. 구병삭, 전게 논문, 29면, 주 15) 참조.

所定刑罰에 處함이라고 하고 있다. 이는 죄형법정주의와 법정절차를 정한 것으로 중요한 의의가 있다. 1948년 3월 20일에는 법령 제176호를 공포하여 형사소송법을 개정함으로써 불법구속에 대한 인민의 자유권을 충분히 보장하기 위하여 획기적인 신체의 자유를 보장하고 있다. 여기서는 拘束令狀制度, 拘束理由通知, 辯護人選任權, 被疑者와 辯護人의 接見・交通權保障, 國選辯護制度, 拘束適否審查制度, 保釋에 관한 권리보장 등을 규정하여 適法節次를 보장하고 있다. 1948년 4월 7일 하지 중장은 조선인민의 권리에 관한 布告를 발포했는데 제2조에서 신체의 자유는 불가침이며 합법적으로 제정 공포한 법률에 의한 이외에는 이를 제한하지 못한다고 규정하고, 제3조에서 住居는 不可侵이며 그 人身・住居・文書 及 財物을 불합리한 압수나 수색에 대하여 보장할 권리는 이를 침해할 수 없으며 이러한 압수나 수색은 오직 법의 규정에 의하여서만 이를 행할 수 있다고 규정하고 있다. 동 제4조에서는 법에 적당한 규정과 법이 요구하는 手續에 의하지 않고는 '生命'・自由 又는 財産은 누구나 이를 빼앗기지 아니한다고 규정하여 생명권을 실정화하고 있다. 동 제5조는 범행 당시에 시행된 법에 의하지 않고는 아무런 형벌도 이를 과하지 못한다 하고 동 제6조는 범행의 이유로 拘引당한 者 又는 그밖의 어느 모양으로든지 자유의 구속을 받는 자는 무슨 이유와 무슨 權威하에 그런 구속을 받는지 즉시 알리워질 법적 권리가 있으며 변호인의 도움을 받을 권리가 있다고 규정하고 있다. 동 제7조는 범죄로 인하여 起訴된 자는 불합리 한 遲滯가 없이 재판을 받을 것이며 법의 규정에 의하여 保釋될 권리가 있다고 하고 나아가 殘酷하고 非常한 형벌은 이를 가하지 못하며 종류의 여하를 막론하고 고문이나 강박에 의하여 유도된 告白은 재판이나 그밖의 어떠한 법적 手續에도 이를 사용하지 못한다고 규정하고 있다.253) 朝鮮臨時約憲上에는 생명권에 대한 명문규정은 존재하지 아니하고 제6조 제1호에서 법률에 의하지 아니하고는 체포・구금・심

문·처벌을 받지 아니할 자유만을 규정하고 있을 뿐이다. 어쨌든 당
시로는 생명권 및 신체의 자유에 대하여 획기적인 보장이라 아니할
수 없을 것이다.

12. 大韓民國 建國憲法 ― 제1공화국 헌법

문홍주 박사는 1948년 8월 15일에 선포된 대한민국헌법은 우리
민족이 가진 근대 입헌주의헌법의 시초이며 더구나 그것은 일제에서
독립하여 가진 근대헌법이라 하고 있다.254) 한태연 박사는 우리 사
회에 있어서의 근대적 의미의 헌법사는 대한민국을 기점으로 한 헌
법사, 즉 1948년 7월 17일에 제정된 대한민국의 헌법을 그 시발로
한다고 한다.255) 기존의 교과서 거의 모두가 대한민국헌법의 변천
및 경과를 논하면서 제헌헌법과 역대 개정헌법의 제정 및 개정과정
을 논술하고 있다. 허영 교수도 "우리나라의 憲政史는 우리나라가
일본의 식민지로부터 독립한 1945년 8월 15일 이후의 정치역사이
다"라고 하고 있다.256) 이러한 통설적인 논술방법에 대해 한국의 헌
법사적인 시각에서 보다 근원적인 검토가 요망된다고 할 것이다. 논
술의 편의상 대한민국 건국헌법에서부터 헌법사를 시작한다고 하여
도 최소한 그 前史的인 고찰은 불가피하게 선행되기 마련일 것이다.
前史로의 遡及起點을 어디까지 잡느냐는 물론 학자에 따라 견해가
달라질 것이고 아예 헌법사의 출발점에 대한 인식 자체가 달라질 수

---

253) 김철수, 전게서, 24면 이하, 26면 이하 참조.
254) 문홍주, "헌법학 30년의 회고와 전망", 「공법연구」 제6집(서울: 해암사, 1978),
    269면.
255) 한태연, 전게 논문, 36면.
256) 허영, 「한국헌법론」(서울: 박영사, 1997), 101면.

도 있을 것이다. 어쨌든 여기서는 기존의 교과서와 논문에 제헌 이
후의 헌법사적인 내용257)에 대해서는 자세하게 記述되어 있기 때문
에 더 이상 언급을 피하기로 한다.

---

257) 전체적인 맥락에서 상황파악을 위한 자료로서는 갈봉근, "제헌헌법의 기본성격과
그 발전과정," 전게 「한국헌법사(상)」, 363면 이하; 한태연, "제헌헌법의 신화-이
상과 타협과 착각의 심포니-," 「동아법학」 제6호(1988), 33면 이하; 한태연, "한
국헌법의 발전과정 -한국헌법사를 위한 소묘-", 「法政」(1969.9.), 6면 이하; 한
태연, 전게 "한국헌법사 序說"; 문홍주, 전게 "헌법학 30년의 회고와 전망"; 양동
안·김원호·김대곤, "다큐멘터리 개헌의 정치드라마," 「신동아」(1982. 7), 103면
이하; 구병삭, 전게 "우리 헌법사의 회고와 전망," 30면 이하; 김철수, "한국헌법
의 제정과 개정경과 소고" 한국법사학회 편, 「법사학 연구」 제6호(서울: 아세아연
구소, 1981), 217면 이하; 김철수, 「헌법개정, 회고와 전망」(서울: 대학출판사,
1986); 김철수, "한국헌법학의 회고와 전망," 전게 「한국헌법사」, 134면 이하; 한
상범, 전게 "한국법제 40년 -그 문제와 과제-"; 한상범, "군사통치시대 공법학
계의 침묵 -「어용교수」, 그들은 누구인가," 「월간중앙」(1988.9), 306면 이하; 한
상범, "한국 헌법학 40년," 전북대학교 법학연구소, 「법학연구」(1989), 119면 이
하; 헌법학계의 動靜에 대해서는 한국공법학회, 「공법연구」 第25輯까지의 매년도
헌법학계회고 참조. 간략한 헌법개정의 경과에 대해서는 송우, 「한국헌법개정사」
(서울: 집문당, 1980), 23면 이하; 서병조, 「개헌시비」(서울: 현대문예사, 1986),
15면 이하 참조.

Ⅲ. 生命權에 대한 論議

1. 관련 헌법규정

건국헌법에서부터 제9차 개정헌법에까지 생명권에 대한 명문 규정은 존재하지 아니한다. 건국헌법(제1공화국헌법) 제9조, 제2공화국헌법 제9조, 제3공화국헌법 제10조, 제4공화국헌법 제10조, 제5공화국 제1기헌법(1980년헌법) 제11조, 제5공화국 제2기헌법(1987년헌법) 제12조는 신체의 자유를 규정하고 있다. 건국헌법(제1공화국헌법) 제28조 제1문, 제2공화국헌법 제28조 제1문, 제3공화국헌법 제32조 제1항, 제4공화국헌법 제32조 제1항, 제5공화국 제1기헌법(1980년헌법) 제35조 제1항, 제5공화국 제2기헌법(1987년헌법) 제37조 제1항은 국민의 자유와 권리는 헌법에 열거되지 아니한 이유로 경시되지 아니한다고 규정하고 있다. 제3공화국헌법 제8조, 제4공화국헌법 제8조, 제5공화국 제1기헌법(1980년헌법) 제9조, 제5공화국 제2기헌법(1987년헌법) 제10조는 인간으로서의 존엄과 가치에 대해 규정하고 있다. 생명권의 침해는 곧 생명의 박탈(그 이전 단계의 침해는 신체의 자유의 침해일 뿐이다)로 이어지기 때문에 생명권의 본질적 내용의 침해금지와 밀접한 연관성을 가지게 된다. 우리 헌법상 기본권의 본질적 내용의 침해금지조항을 둔 것은 제2공화국헌법 제28조 제3문에서 최초로 신설되고 제3공화국헌법 제32조 제2항에 규정되었다가 제4공화국헌법(유신

헌법)에서 삭제되었다. 그리고 제5공화국 제1기헌법(1980년헌법) 제35
조 제2항에서 부활되었고 제5공화국 제2기헌법(1987년헌법) 제37조
제2항에 규정되어 있다. 헌법에서 '死刑'이라는 표현은 제5공화국 제2
기헌법(1987년헌법) 제110조 제4항 단서에서 서술하는 과정에서 나타
나고 있다. 침략적 전쟁을 부인하는 건국헌법 제6조 제1문의 규정은
제2공화국헌법 제6조 제1문, 제3공화국헌법 제4조, 제4공화국헌법 제4
조, 제5공화국 제1기헌법(1980년헌법) 제4조 제1항, 제5공화국 제2기
헌법(1987년헌법)에 제5조 제1항에 변화없이 규정되어 오고 있다.

2. 제1세대258) 헌법학자들의 이론과 판례

　우리나라 헌법을 기초한 유진오 씨259)의 저술들에는 생명권이라는
개념이 나타나지 아니한다. 신체의 자유에 대해서 언급 할 뿐인데,
이 경우에도 국민의 모든 자유와 권리는 헌법에 열거되지 아니한 이
유로써 경시되지 아니한다는 건국헌법 제28조 제1문의 관계에 대한
논증도 보이지 아니한다.260) 1950년대의 당대로서는 기본권 이론 구

---

258) 헌법학자들의 세대구분은 필자가 논의의 편의상 현재까지 제3세대로 구분하고
　　있다. 1세대와 2세대의 세대구분 기준은 주요활동 시기의 점에서 1980년을 기
　　준으로 하여 그 이전인가 그 이후인가로 구분해 봤다. 또한 필자가 생각하는
　　헌법철학적 관점, 현실참여에 관한 학자의 태도(그렇다고 하여 학자의 현실의
　　정치권력참여 그 자체에 대해 부정적인 가치판단을 반드시 전제로 하고 있는
　　것은 아니다), 연령상의 관점 등을 부수적으로 염두에 두면서 인위적으로 필자
　　의 주관에 의해 구분해 본 것에 불과하기 때문에 반드시 시대구분에 관한 헌
　　법사학적 접근방법에 기초한 것이라고 보기 어려운 점이 있을 수 있다는 것을
　　밝혀둔다.
259) 유진오 씨의 생애와 헌정사적 위치 및 그의 헌법사상에 대해서는, 전광석, "헌
　　법학자 유진오", 「연세법학연구」 제2집(서울: 연세법학연구회, 1992), 50면 이
　　하 참조
260) 유진오 박사가 「우리는 모든 인간이 평등하게 창조된 것, 그들은 그들의 창조

성에 상당히 진척된 편린을 보여주고 있는 박기실의 「헌법이론」에서
도 국민과 국가의 관계에 대한 자연법적 근거를 찾는 영국의 한 견
해를 설명하는 과정에서 "인민의 '생명'·자유·재산의 보호에 관한
요구는 신의 법에서 발생한다"고 인용하여 '생명'에 대해 언급하고
있을 뿐 생명권에 대한 포괄적인 인식은 나타나지 않는다.261) 박일
경 교수도 신체의 자유에 대한 실정헌법적인 조문해석을 넘고 있지
않으며 생명권에 대한 언급은 하고 있지 아니하다.262)

  문홍주 교수도 버지니아 권리장전에서의 '생명'·자유·재산에 대
한 권리와 미국독립선언에 있는 '생명'·자유에 대한 권리를 언급하
고 있지만 일반적으로 생명권을 논술하고 있지는 않으며 신체의 자유
부분에서도 거론하고 있지 아니하다.263) 문홍주·박일경 공저의 「신
헌법」에서도 신체의 자유만을 언급하고 있다.264) 윤세창 교수도 신체

      주로부터 어떤 불가양의 권리를 부여된 것, 이 권리 중에는 '생명', 자유 및 행
      복의 추구가 속하는 것, …을 자명의 진리라고 믿는다」미국독립선언서 제2절
      冒頭의 구절을 인용언급하고는 있다. 유진오, 「신고 헌법해의」(서울: 일조각,
      1953), 59면.
      유진오 박사는 인신의 자유와 신체의 자유라는 용어를 혼용하고 있는데 생명권
      은 신체의 자유의 논리적 전제로서 그 실체적 권리를 파악할 수 있다는 측면에
      서 생명권과의 관계에서 볼 때는 인신의 자유라는 용어가 더 타당하다고 본다.
      유진오, 「헌법의 기초이론」(서울: 명세당, 1950), 87면 이하; 유진오, 「헌정의 이
      론과 실제, 헌정연구 제2집」(서울: 일조각, 1954), 110면; 유진오, 「신고 헌법해
      의」, 99면 참조; 유진오, 「헌법기초회고록」(서울: 일조각, 1980), 236면 이하.
  261) 박기실, 「헌법이론」(서울: 명세당, 1954), 제3편 기본적 인권, 5면 참조. 동 저
      서에는 생명권의 연혁적 전거가 될 수 있는 미합중국 독립선언, 프랑스 인권선
      언, 세계인권선언 등이 부록에 실려 있다.
  262) 박일경, 「신고 헌법강의」(서울: 박영사, 1956), 77면 이하 참조.
  263) 문홍주, 「한국헌법론」(서울: 일조각, 1957), 78면, 88면 이하 참조. 동 78면에
      서는 "봉건적 압제로부터 해방을 부르짖은 자유주의는 '생명의 자유', 信敎의
      자유 등 주로 국가권력으로 침범하지 못하는 개인의 자유를 확보하였다"고 기
      술하고 있다.
  264) 문홍주·박일경, 「신헌법」(서울: 박영사, 1960), 102면 이하 참조. 여기서 신체
      의 자유는 모든 자유권의 기초가 되는 것이며 이것 없이는 기타의 자유도 생
      각할 수 없는 것이기 때문에 신체의 자유가 자유권 중에서 제일 먼저 규정되
      어 있음은 이러한 의미에서다라고 기술되고 있다. 그리고 신체의 자유라 함은
      신체적 구속을 받지 아니하는 자유를 말한다고 정의하고 있다.

의 자유, 인신의 자유만을 언급하고 있다.265) 강문용 교수도 그의 저술에서 부록으로 프랑스인권선언, 미국독립선언, 대헌장, 권리청원, 권리장전 등을 달아놓고 있긴 하지만 신체의 자유만을 언급하고 있다.266) 박천일 교수는 세계인권선언의 구절을 인용하면서 사람의 존엄과 가치를 언급하고 있다.267) 인간의 존엄과 가치를 언급한 것은 이것이 최초라고 생각된다. 한태연 교수는 "신체의 자유에는 생명의 자유, 신체안전의 자유, 신체자율의 자유등이 포함된다"고 하여268) 신체의 자유 속에 생명의 자유가 논리적으로 포함되어 있다고 보는 시각에서의 최초의 학자라고 생각된다. 이후의 저술들은 거의 공식과 같이 신체의 자유의 내용으로 '생명의 자유, 신체안전의 자유, 신체자율의 자유'를 언급하고 있다. 강병두 교수는 미국 버지니아 권리선언과 독립선언의 구절(…생명과 자유를 향유하는 것…, '생명·자유·행복의 추구')을 언급하고 또한 신체의 자유에 생명의 자유, 신체안전의 자유, 신체자율의 자유가 포함된다고 기술하고 있다.269) 갈봉근 박사는 신체의 자유라 함은 신체에 대한 일체의 부당한 구속을 받지 않는 자유 즉 外部的 自由를 말하며 신체의 자유에는 생명의 자유, 신체안전의 자유, 신체자율의 자유 등이 포함된다270)고 말하고 있다. 신체의 자유에 대해 외부적 자유를 언급하면서 생명의 자유를 거론하는 것은 논리적 모순처럼 보인다. 이종극 교수는 '인신'의 자유를 논하면서 "생명권, 신체안전 및 신체자율의 자유(인신의 불가침성)를 총칭하여 인신(또는 신체)의 자유(personal freedom; persönliche Freiheit)라 한다"고 언급하고 있는데 이는 생명권이라는 용어를 최초로 쓴 학자로

265) 윤세창, 「신고 헌법」(서울: 일조각, 1963), 131면 이하 참조.
266) 강문용, 「헌법」(서울: 신아사, 1958), 118면 참조.
267) 박천일, 「헌법개론」(서울: 대지사, 1951), 62면 이하 참조.
268) 한태연, 「헌법학」(서울: 양문사, 1955), 267면 참조.
269) 강병두, 「신헌법」(서울: 수학사, 1963), 157면 참조.
270) 갈봉근, 「유신헌법론」(서울: 한국헌법학회출판부, 1976), 151면.

생각된다.

그러나 생명권이라는 단어를 사용하지는 않았지만 생명의 안전을 침해당하지 않는 권리로서 생명권에 대하여 구체적으로 논한 학자는 박은하 씨이다. 그는 "생명의 불가침·인신의 자유"의 제목 아래 생명의 안전을 침해당하지 않는 권리는 모든 권리의 기본인 것이지만 절대불가침의 것은 아니고 「법률이 정하는 定規의 절차(due process of law)」에 의하지 않고는 생명을 빼앗기지 않는다는 것을 언급하고 있다.

따라서 成規의 裁判手續을 거쳐 死刑에 處함이 헌법상 容許됨은 물론이고 戰時에 있어서 軍役에 服하게 하는 것과 같은 생명의 위험 있는 직무에 종사하게 하는 것도 결코 헌법에 저촉되는 바는 아니라고 논증하고 있다. 나아가 생명 및 신체의 권리는 형벌을 받음으로써 당연히 어떤 정도로 침해됨을 면할 수 없는데 그 형벌에 대하여도 합중국헌법 수정 제8조에는 「殘酷한 및 異常한 형벌」(cruel and unusual punishments)을 금지하고 있고 各州헌법에도 같은 趣意를 정하고 있는 것이 많다고 記述하고 있다.271) 김기범 교수는 인간의 자유 중에서 가장 귀중하고 가장 기본적 자유이다라고 하면서 신체의 자유는 신체안전의 자유, 신체활동의 자유, 소지품의 자유, 생명의 자유를 내포한다고 하고 있다. 그리고 殘酷非常한 형벌(cruel and unusual punishment)의 금지도 언급되고 있다.272)

제1세대 헌법학자들의 이후의 개정판 내지 새로운 책제목의 저서에도 크게 변화함이 없이 이상에서 언급한 생명권의 인식범주를 넘고 있지 않다. 건국 초창기, 군사 쿠데타에 의한 국가부흥에 있어서 생명권에 대해서 치열하게 논구할 학문적 여유가 많지 않았다는 시대적 상황도 이해할 수 있다. 헌법개정도 통치권력부분에 집중되어

271) 박은하, 「美國憲法大意」(서울: 명세당, 1954), 133면 이하 참조.
272) 김기범, 「한국헌법」(서울: 교문사, 1975), 153면 이하 참조.

왔기 때문에 이 분야의 이론정립에도 제1세대 헌법학자들이 시간을
할애해야 했고273) 극히 일부 학자들을 제외하고274) 기본권분야에 학

273) 유진오 헌법학에 대한 비판에 대해서는 한상범, 전게 "한국헌법학 40년", 122면
참조; 1960년 제3차 개헌때부터 한태연을 비롯한 일부학자가 참여하여 헌법학자
의 현실참여가 시작되고, 5·16군사쿠데타로 집권의 정통성을 보완하고 대국민
홍보용으로 교수를 대거 정계 각 부문에 참여시켰다고 한다(한상범, 상게 논문,
124면, 125면 참조).; 한태연, 「국가재건비상조치법」(서울: 법문사, 1961), 서문에
서 괴테의 시의 인용은 역사를 생각해 보고 있는 제3세대 헌법학자로서의 필자를
더욱 더 안타깝게 한다. 아울러 동 저자의 1973년판 헌법학 서문에 있는 "만일
헌법이 『정치의 아들』이라면 어떠한 사회의 헌법사를 막론하고 그 헌법사는 그
사회의 정치적 시행착오의 총결산을 의미하지 않을 수 없다"라고 하는 언명은 역
사는 물론 많은 시행착오도 있지만 꼭 시행착오만으로 형성되는 것은 아니다고
보는 제3세대의 헌법학자에게 나중에 결산이야 어떻든간에 시행착오의 길로 접
어들면 그 길로 걸어가도 좋다는 이야기처럼 들리는 이유는 필자의 학문적 결벽
증 때문만은 아닐 것이다. 이밖에도 박일경, 「혁명정부와 헌법」(서울: 진명문화사,
1961); 문홍주, 「국가재건비상조치법」(서울: 법문사, 1961); 윤세창, 「대한민국 국
가재건비상조치법」, 김도창, 「계엄론」 등이 있었다. 한상범 교수는 군사지배하 어용
교수로서 법기술자로서의 폐단을 지적하면서 대학교수 유형을 소신형, 기회주의·
출세주의형, 순응·타협형, 방관·도피형, 소극적 반항형, 적극적 이의제기·투쟁
형으로 분류하고 있다. 그러나 어떤 시대상황에서의 헌법적 판단이 잘되었건 잘
못되었건 간에 '역사'의 큰 테두리 내에서 조망되어야 할 것이다. 한상범 교수는
"72년 이른바 「유신」선포는 박정희의 영구집권을 위한 친위쿠데타였다. 이 유신
작업은 이미 그 이전에 준비되었던 것으로 갈봉근의 《프랑스 제5공화국 대통령
의 비상대권》이란 책이 그 이론작업의 일환이었다.…유신헌법을 지지·해설하
는 교과서는 한태연과 갈봉근이 주로 썼다"라고 기술하고 있다. 한상범, 상게논
문, 127면 참조; 한태연, 「헌법학」(서울: 법문사, 1973), 서문에는 "조국의 평화적
통일과 그리고 자유민주주의의 수호를 그 역사적 사명으로 하는 10월유신과 그
결과로서의 유신헌법은 그 이해에 있어서도 그 전의 어느 헌법보다도 좀더 강력
한 가치적 인식이 요청되고 있다. 그것은 유신헌법은 우리 국민의 운명을 건 미래
에의 유토피아, 미래에의 결의를 표상한 『미래에의 의지』를 의미하기 때문이다.
…오늘의 우리의 현실에 있어서는 조국의 독립과 국가적 안전에 관계되지 않는
진리는 결코 진리로서의 타당성을 가질 수 없다. 여기에 한국에 있어서의 그 헌법
학의 새로운 과제가 있다"라고 쓰여 있다.; 갈봉근, 「유신헌법해설」(서울: 한국헌
법학회출판부, 1975), 서문에는 "유신헌법이 확정 시행된지 적지 않은 시간이 경
과한 오늘, 우리 주변에는 아직도 유신헌법의 성격을 올바르게 이해하지 못한 사
람들이 없지 않다고 보여지며 이러한 이해부족은 그것이 無知에 의한 것이건 故
意에 의한 것이건 결코 바람직한 일이 아니다"라고 기술하고 있다. 전게 「유신헌
법론」 머리말에서는 유신체제는 난국에 처한 우리 국가와 민족이 살아나가기 위
한 단 하나의 길이다라고 말하고 있다.; 박일경, 「유신헌법」(서울: 박영사, 1972),
머리말에는 "곰곰이 생각하여 보니 조국의 현단계에서 이 길이 불가피한 단 하나
의 길인 것을 깨달았기에 정치와는 인연이 먼 저자도 감히 10월 유신의 대열에

문적 심혈을 경주할 수 없을 만큼 헌법철학적 근본관점상 다른 방향
축에서 기능하고 있었다. 한태연 박사는 국가의 모든 정치적 문제를,
특히 나아가서 그 정치적 권력의 문제를 다만 기본권의 실천과정의
문제로 이해할 때에는 결국에 있어서 정치적 통일체로서의 국가 그
자체의 존재마저가 상실되게 된다고 하여 가치철학적 헌법관을 외면
하고 있다. 헌법 그 자체를 기본권에 의하여 지배되는 하나의 완결
된 가치체계로 보는 시각을 인식하면서도 10월유신과 그 결과로서
의 유신헌법은 그 이해에 있어서도 그 전의 그 어느 헌법보다도 좀
더 강력한 가치적 인식이 요청되고 있다[275]는 논리를 펴고 있다. 한
마디로 가치인식의 방향축이 근원적으로 제3세대의 시각과 달랐다고
밖에 할 수 없다.

　문홍주 박사는 사형에 대해서 참혹하고 이상한 형벌의 금지[276]에
관한 미국의 수정 헌법 제8조와 같은 헌법조항이 없으므로 우리 헌
법해석상 당장 사형이 위헌이라고 주장하기는 어렵다고 한다. 입법

참가하여 미력이나마 유신헌법의 채택추진에 노력하였다."; 한상범 교수는 "유신
쿠데타의 실태를 비판적으로 분석하여 중앙정보부에 불려간 것은 김철수다. 그는
당시 『헌법학개론』이란 이름으로 유신헌법을 해설하는 교과서를 썼는데 헌법개
정의 약사에서 유신 쿠데타의 과정을 비판적으로 분석하는 등 교과서의 내용이
집권자의 눈에 거슬렸던 모양이다. 그래서 이미 판을 짜놓고 일부는 인쇄하여 증
정한 것을 다시 조판을 해서 책을 내도록 압력을 받았다. 학자로서 유신헌법에 대
해 이론적으로 이의를 제기한 거의 유일한 예로서 그것이 책으로 활자화되어 일
반독자의 수중에 들어오게 하는 데는 실패했지만, 그 용기와 결단은 결코 과소평
가할 수 없다"라고 기술하고 있다. 한상범, 전게 "군사통치시대 공법학계의 침
묵," 312면 이하 참조. 김철수, 『헌법학개론』(서울: 법문사, 1973), 머리말에는
"72년 9월에는 원고가 완성되어 조판중이었는데 3분의 2 가량의 조판이 끝난 10
월 17일에 비상조치가 단행되고 10월 27일에는 헌법개정안이 공고되고 11월 21
일에는 국민투표에 의하여 확정되게 되었다"라고 기술하고 있을 뿐 '유신'이나
'유신헌법'이란 단어가 눈에 띄지 아니한다.
274) 문홍주, 『기본적 인권연구』(서울: 성균관대학교 출판부, 1976), 202면 이하,
    211면 이하, 256면 참조.
275) 한태연, 전게서, 序, 3면 이하 참조..
276) 이에 관한 하나의 짤막한 사례의 언급에 대해서는 문홍주, "참혹하고 이상한
    형벌", 『법정』(1965.3), 35면 이하 참조.

적으로 사형 적용 Case를 좁혀서 한정지워가는 노력이 바람직하고 국가의 기본질서를 파괴하는 자에 대해서 사형이 인정되어야 한다고 한다.277) 헌법학자는 아니지만 우리나라에서 사형폐지를 최초로 주장한 사람은 형법학자인 이건호 교수라고 생각된다. 그는 현재에 있어서와 같은 우리나라의 死刑過多現象은 국토의 양단, 전쟁의 수행 등으로 인한 불행한 일시적 현상에 그 이유가 있음을 지적하고 사형이라는 것이 범죄예방의 효과를 가져올 것 같으면서도 사실은 그것이 기대 이하라는 것, 미국에서 살인을 폐지한 6개주와 존치한 주의 흉악범죄의 비율이 거의 동등하다는 것, 국가는 국민에게 살인을 금하는데도 불구하고 사형이라는『국가에 의한 합법적 살인』으로 스스로는 살인할 수 있다는 것을 법률로 정해놓는 것은 윤리적 정당성이 존재하지 않는다는 것, 재판이라고 하는 것이 사람이 하는 일이니만큼 誤判의 全無를 기할 수 없을 것 등을 들어 사형은 사실상 형사정책적으로 유지할 가치가 없기 때문에 폐지되는 것이 順理라고 하고 있다.278)

---

277) 문홍주, "미국의 사형제도 위헌론," 한국공법학회, 「공법연구」 제4집(서울: 해암사, 1976), 137면 참조. 그리고 미국 대법원판례를 분석하여 미국대법원의 사형에 관한 태도를 정리하고 있다. 1) 사형은 강도·강간 등 타인의 생명을 박탈하는 것이 아닌 경우에는 인정하지 않는다. 2) 謀殺에 있어서 단순한 살인이 아니고 방화·강도·강간·반역·납치 등 다른 capital felony가 수반되어야 한다. 3) 이러한 경우에도 범인의 성격·전과, 범행의 폭악성과 야만성 등의 가중조건과 또 있을 수 있는 범인에 대한 감경조건에 대하여 상세히 검토하고 이것들이 배심원의 평결이 있기 전에 배심원들에게 충분히 설시되고 고려되어야 한다. 4) 위와 같은 조건이 고려에 넣어지지 않고 단순한 사형범죄를 엄격하게 제한하여 이에 命令的 死刑을 과하는 것은 아니된다. 문홍주, "미국에 있어서의 사형의 위헌성 시비", 「헌법재판자료제1집」(서울: 헌법위원회, 1979), 34면 이하 참조.
278) 이건호, "사형폐지론 ―사형의 형사정책적 가치―", 「사상계」(1959. 10), 132면 이하 참조. 여기에 다음과 같은 스테판 츠와이그의 주장이 인용되고 있다. "우리들은 사형논쟁에 있어 우리들의 현세로부터 비인도적인 입법과 중세기적인 逆行을 회피하려고 한다. 나는 우리 시대와 우리 문화가 공공연히 사람을 죽임으로써 지불되고 급료를 받는 직업적 屠殺吏를 인정하고 있는 것보다 더 큰 모순은 없다고 생각한다. 나는 사형의 위하력을 믿을 수가 없다. 타인을 살해

사형제도에 관해 대법원판례는 위헌성을 부인하고 있다(大判 1963. 2. 28. 62도241). 그 판결이유를 요약·거론하면 다음과 같다. 생명은 한번 잃으면 영원히 회복할 수 없고 이 세상에서 무엇과도 바꿀 수 없는 절대적 존재이며 한 사람의 생명은 전 지구보다 무겁고 또 귀중하고도 엄숙한 것이며 존엄한 인간존재의 근원인 것이다. 이와 같이 존귀한 생명을 잃게 하는 사형은 형벌 중에서도 가장 냉혹한 형벌임에 틀림없다. 사형제도는 항상 국가의 형사정책면과 인도상의 문제로서 심각하게 고려되고 비판될 문제이기는 하나 이것은 국가의 발전과 도덕적 감정의 변천에 따라 그 제도의 입법적 존재가 문제가 될 것이므로 소론과 같은 금후의 입법에 있어서 언제나 좋은 고려의 양식이 되리라고 믿는 바이나 현행 헌법 제9조에는 모든 국민은 신체의 자유를 가진다, 법률에 의하지 아니하고는 체포·구금·수색·심문·처벌과 강제노역을 받지 아니한다고 규정함으로써 처벌에 관한 규정을 위임하였을 뿐 그 처벌의 종류를 제한한 바 없을 뿐 아니라 헌법 제28조 제2항은 국민의 모든 자유와 권리는 질서를 유지하고 공공복리를 위하여 필요한 경우에 한하여 법률로써 제한한다라고 규정함으로써 질서유지와 공공복리를 위하여는 법으로써 자유와 권리를 제한할 수 있음을 헌법이 허용하였는바 현재 우리나라의 실정과 국민의 도덕적 감정을 고려하여 국가의 형사상 정책으로서 질서유지와 공공복리를 위하여 형법·군형법 등에 사형이라는 처벌의 종류를 규정하였다 하여도 이것을 헌법에 위반된 것이라 할 수 없다.279)

하려고 할 만큼 무서운 힘을 발휘하는 인간을 사형의 위하 정도를 가지고 이를 만류시켜 이 시대의 치욕으로서의 사형을 인정하는 것보다는 재판에 있어 피고인에게 자살을 선택할 권리를 갖도록 하는 사법제도의 확장이 요망된다."

279) 이것은 1948. 3. 12. 일본 최고재판소의 판결에서 영향받은 것이라 할 수 있다. 조규찬, "사형제도에 대한 고찰,"「성균법학」제9집(1964), 155면 이하 참조. 여기에서는 형법의 역사는 잔인한 형벌사이며 사형의 역사라고 하면서 사형존치의 이론적 근거로 神意사상, 등가적 正義사상(인간사회가 멸망할 순간에도 감옥에 남아 있는 최후의 살인범을 처형한 연후에 망하여야 한다는 칸트의

동 판례는 당시에 적용한 헌법 제28조에 설정된 기본권제한입법
상의 내용과 방법상의 한계인 본질적 내용의 침해금지와 과잉금지의
원칙의 위배 여부는 구체적으로 검토하고 있지 아니하다. 1967. 9.
19. 대판 67도988 판결도 "사형이란 형벌을 두고 이를 양정 처단하
는 문제는 항상 형사정책면과 인도상의 문제로 심각하게 고려되고
국가의 발전과 도덕적 감정의 변천에 따라 입법적으로 존폐가 고려
될 문제이기는 하나 우리나라의 현실과 국민의 도덕적 감정을 고려
하여 국가의 형사정책으로 질서 유지와 공공복리를 위하여 형법 등
에 사형이라는 형벌을 규정하였다 하여 이것을 헌법에 위반된 조문
이라 할 수 없다는 것이 본원의 견해이다"라고 하여 상기판례를 확
인하고 있다.280)

언명), 應報사상, 일반예방사상, 시기상조론을 거론하고 있고 사형폐지론의 근
거로 인도주의사상, 생명존엄사상, 사형의 살인행위 助長, 범죄예방에 대한 威
爀缺如, 오판에 대한 구제불가능성, 범죄대책적 견지 등을 거론하고 있다. 또한
인간은 인간을 사형에 처형할 근거를 가지고 있지 않으며 이는 자유사회의 이
념에 모순된다는 톨스토이의 언명을 인용하여 언급하고 있다. 사형폐지론의 점
화자인 베카리아를 위시하여 나탈레, 존 하워드, 페스탈로찌의 사형폐지론의
근거에 대해서는 신동욱, "초기 사형폐지론의 계보," 「연세대 사회과학논집」
(1977. 8), 165면 이하 참조.
280) 김철수, 「판례교재 헌법」(서울: 법문사, 1980), 증보판, 120면 참조.

3. 제2세대281) 헌법학자들의 이론과 판례

한상범 교수도 신체의 자유만을 언급하고 있는데 이때 한태연 박사
가 처음으로 언급한 "신체의 자유에는 생명의 자유, 신체안전의 자유,
신체자율의 자유가 포함되어 있다"는 것을 이어받고 있다.282) 김철수

---

281) 제2세대는 유학파가 많다. 이전까지 포함하여 당시 유학한 이로서는 미국에서 유
학한 사람으로 윤후정, 이태로, 권태준 등이 있었고 독일에서 박사학위를 받은 사
람으로는 1958년에 갈봉근이 본 대학에서(Bong Keun Kal, Versuch der Verbot
der Kernwaffen der Vereinten Nationen, Bonner Diss., 1958), 한형건이 1964년
에 본 대학에서(Hyong-Kon Han, Die Aufnahme von Staaten als Mitglieder in
die Vereinten Nationen, Bonner Diss., 1964), 1965년에 최기환이 본 대학에서
(Kiwhan Choi, Das Wahlrecht der Republik Korea in seinem politischen
Auswirkungen, Bonner Diss., 1965), 계희열이 1969년에 프라이부르그 대학에서
(Heeyol Kay, Die innere Ordnung der politischen Parteien, Freiburger Diss.,
1969), 배준상이 1970년에 쾰른 대학에서(Jun Sang Bae, Die Stellung des
Staatspräsidenten in der koreanischen Verfassung vom 26. Dez. 1962: Eine
rechtsvergleichende Betrachtung, Kölner Diss., 1970), 1971년에 허영이 뮌헨대
학에서(Young Huh, Probleme der konkreten Normenkontrolle: insbesondere die
Zuständigkeit zur Verwerfung verfassungwidriger Gesetze nach der Republik
Korea, Münchener Diss., 1971), 1972년에 허경이 튀빙겐 대학에서(Kyung Huh,
Die Gliederung des öffentlichen Dienstes in Korea und die Rechtsstellung
seiner Angehörigen unter besonderer Berücksichtigung des Einflußes des
deutschen Rechts, Tübinger Diss., 1972), 1973년에 심재우가 빌레펠트 대학에서
(Zai Woo Shim, Widerstandsrecht und Menschenwürde, Bielefelder Diss., 1973),
1974년에 권영성이 괴팅겐 대학에서(Young Sung Kwon, Verfassungsrecht und
Verfassungswirklichkeit, Göttinger, Diss., 1974), 1974년에 남기환이 마인츠 대학
에서(Ki whan Nam, Völkerrechtliche und staatsrechtliche Probleme des
zweigeteilten Korea und die Frage der Vereinigung der koreanischen Nation,
Mainzer Diss., 1974.), 1978년에 국순옥이 쾰른 대학에서(Soon Ok Kuk, Das
Wesen der sozialstaatsidee bei Lorenz von Stein: Eine Untersuchung zur
Genesis der konservativen Sozialstaatstheorie, Kölner Diss., 1978), 법학박사학
위를 받았다. 그리고 학위과정을 밟지는 아니하였지만 장기간 공법학의 연구를
위하여 한태연, 김철수, 한동섭, 최치봉, 김이열, 김남진 교수 등이 체독하였다. 최
종고, 전게 「한국의 서양법수용사」, 390면 이하; 최종고, 전게 「한국법학사」, 484
면 참조.

282) 한상범, 「축조 한국헌법」(서울: 보문각, 1965), 84면 이하; 사형당한 오휘웅 씨
의 사례를 통한 문제제기에 대해서는 한상범, "신체의 자유의 법리와 그 실

교수도 신체의 자유는 생명의 자유·신체안전의 자유·신체자율의 자
유 등을 포함하고 있다고 논술하고 있다.283) 당시 헌법 제8조의 「모든
국민은 인간으로서의 존엄과 가치를 가지며 국가는 국민의 기본적 인
권을 최대한으로 보장할 의무를 진다」라는 규정의 기본권적 성격에 관
해 前段은 自然法的인 主基本權을 헌법에 선언하고 있는 것이고 제9조
이하의 개별적 기본권은 主基本權을 보장하기 위한 派生的 基本權을
세밀하게 규정하고 있는 것이며 제8조 전단은 그러한 의미에서 자유권
의 일종으로서 협의의 인간의 존엄권을, 광의로는 모든 기본권의 淵源
을 이루는 主基本權을 보장하고 있는 것이라고 하고 있다. 그리고 동
헌법 제32조 제1항의 상호관계에 대해 제32조 제1항은 제8조에 내포
되어 있는 원리를 다시 부연한 단순한 注意的 規定에 지나지 않는다고
한다.284) 여기에 대해 허영 교수는 인간의 존엄과 가치에 대한 기존의
논술들에 대해 어떤 명제에 대한 해답이 주어진 명제보다 더 어려운
명제로 나타나고 있다는 점을 지적하고 인간의 존엄과 가치란 인간을
전제로 한 개념으로서 인격의 내용을 이루고 있는 윤리적 가치라고 정
의하고 우리 헌법질서가 이상으로 하고 있는 인간상은 윤리적 가치에
의해서 징표되는 자주적 인간상이라 하고 있다.285) 이 자주적 인간상
은 역사성이나 사회성에서 탈피된 유리된 개인으로서의 개인주의적 인
간도 아니고 현대적 다원사회의 단순한 구성분자로서의 집단주의적 인
간도 아니라고 설시하고 있다.286) 따라서 인간의 존엄과 가치를 기본
권의 핵(Grundrechtskern), 기타 기본권의 본질적 내용으로서의 의미
를 明定하여 羈束規範으로서의 성격과 國法秩序의 最高原理로서의 성
격을 肯認하여 당시 헌법 제32조 제1항과 제2항과의 관계를 확연하게

제", 「고시계」(1986. 12), 38면 이하 참조.
283) 김철수, 「헌법학개론」(서울: 법문사, 1973), 221면.
284) 김철수, 전게서, 201면 참조.
285) 허영, "現行憲法 제8조를 論함", 「고시계」(1975. 4), 82면 이하 참조.
286) 상게 논문, 83면.

설명해주고 있다.287) 즉 제8조와 제32조 제1항은 상호보완하는 상승
작용에 의해서 우리 국민에게 어떤 包括的인 行動의 自由를 보장하고
있는 것이고, 기본권침해의 한계를 뜻하는 것이 제32조 제2항이지만
제8조는 제32조 제2항에 의한 기본권제한의 한계규정이라는 위상을
밝혀주고 있다.

생명권의 헌법체계적 지위에 대한 인식이 어쨌든가 간에 김철수
교수는 나아가 사형은 생명권의 본질적 내용을 훼손하는 것으로 위
헌이라고 주장하고 있는데288) 이 사형위헌론은 헌법학자로서는 최초
의 주장이라고 생각된다.289)

생명권에 대한 본격적인 논의는 김철수 교수와 허영 교수 논문에
서 드러난다. 김철수 교수는 「생명권」290)이라는 논문에서 생명권의
연혁, 생명권의 의의와 주체, 생명권의 내용, 생명권의 제한, 생명권
의 침해와 구제를 논술하고 있다. 허영 교수는 「생명권에 대한 헌법
적 고찰 ─서독의 학설과 판례를 중심으로─」,291) 「생명권이 문제되
는 몇 가지 경우」,292) 「인공임신중절과 헌법」293)에서 생명권 전반에
걸쳐서 아주 깊이 있게 논증하고 있다.

---

287) 상게 논문, 86면 이하, 92면 참조.
288) 김철수, 전게서, 222면 참조.
289) 이수성 교수는 「만약 죽음이라는 것이 좋은 것이라면 무엇이라도 할 수 있는
    신들이 스스로 죽음을 택했을 것이다」라는 그리스의 시인 Sappho의 말을 인용
    하고 이성적인 것이 현실적인 것이며 비이성적인 것이 현실적인 것이 됨을 용
    인해서는 안 된다고 하여 사형폐지를 강력하게 주장한다. 즉 불확실한 신념과
    평가로 인간의 지고한 생명을 절멸시키는 것보다 불확실한 채로 그 생명을 존
    속시킨다는 것이 훨씬 합리적이라 한다. 사형에 커다란 위하력을 인정하는 것
    은 오늘날 하나의 심리학적 의제에 불과하며 사형의 억지력은 존재하지 않는
    다고 한다. 설사 어느 정도 존재한다고 하더라도 그것이 확증되기 이전까지는
    인간의 생명에 대한 시행착오가 결코 용납될 수 없는 것이라 하고 있다. 이수
    성, "사형폐지론 소고," 서울대 「법학」(1972), 71면 이하 참조.
290) 「고시계」(1977. 4.), 12면 이하.
291) 「율산한태연박사회갑기념논문집」(1977), 130면 이하.
292) 「월간고시」(1981.11), 46면 이하.
293) 한국공법학회, 「공법연구」 제5집(1977), 79면 이하.

김철수 교수의 論述을 살펴보기로 한다.294) 인간의 존엄과 가치권
에서 생명권의 근거를 찾고 있는데 인간의 가치란 생존에의 가치 즉
생명에의 가치=생명권을 말하는 것이라고 한다. 생명295)은 순수 자
연적 개념으로서 「아직도 생존하지 않는 것」과 「死」에 대해 반대되
는 人間의 肉體的 存在形式(körperliche Daseinsform)이라는 Dürig의
견해를 인용하여 언제부터 生이 시작되는가는 人間化의 自然科學的
所與에 의하여 결정된다고 한다. 태아의 생명권을 인정하고 생존가
치가 없는 인간 예컨대 타인에게 害를 주고 사회에 부담을 주는 인
간들에게도 생존에의 권리는 인정되는 것이라고 역설하고 있다. 안
락사296)와 人間絶滅을 부인하고 자기의 생명권을 자유롭게 처분할
수 있는 권리를 부인하고 있다. 생명권에는 국가가 개인의 생명을
침해하는 것을 배제·요구할 수 있는 자유권적인 내용의 소극적인
생명권과 국가에 대하여 사회적·경제적 여건을 마련하여 생존을 할
수 있도록 요구할 수 있는 생존권적인 내용의 적극적인 생명권이 내
포되어 있다고 한다. 환경권과 健康權도 생명권의 一內包로 파악한

---

294) 김철수, 전게 논문, 12면~24면 참조.
295) 이태재 교수는 생명의 존중은 자연윤리의 원칙이며 그 증명이 필요없는 것이
고 생명존중의 의무는 모든 자연을 창조·주재하는 신이 세운 자연법칙이라
하고 있다. 또한 생명권과 관련된 안락사, 정당방위론, 국가의 사형권, 자살,
전쟁에 관하여 논술하고 있다. 이태재, "생명에 대한 권리와 의무", 「석우황산
덕박사화갑기념논문집」(1979), 28면 이하 참조.
296) 안락사란 말은 희랍어의 Euthanatos, '아름다운 죽음'을 어원으로 하는데 이 말
을 최초로 사용한 사람은 영국의 F. Bacon이며 그의 저서 「학술의 신 연구」에
서 Euthanasy, mercy killing으로 표현하였다 한다. 형법상으로는 안락하게 죽
이는 행위 자체를 범죄로 다룰 수 있느냐의 문제, 따라서 그것이 위법이냐 아
니냐의 판단은 생명이라는 법익의 침해에 대한 결과무가치성보다 죽인다는 행
위무가치성에 입각하여 한다는 이유로 안락사라는 용어보다 安死術이라는 용어
를 선호하는 학자도 있다. 권문택, "安死術에 관하여," 「고시계」(1974. 7.), 57
면 이하 참조.
한편 심헌섭 교수는 安樂死(Euthanasie)란 말을 만든 사람은 Francis Ba-
con(1561-1626)이 아니라 영국의 프란시스코 수도사이며 철학자인 Roger Bac-
on(1214-1294)이라고 한다. 심헌섭, "안락사의 문제," 「고시연구」(1976. 2), 56면
주 3) 참조.

다. 인간의 존엄권과 생명권은 생존의 최저한도의 보호를 요구할 수 있는 생존권의 기초를 이룬다고 한다. 개별적인 특수법률유보라는 개념을 사용하고 우리 헌법에는 일반적인 법률유보조항이 없다고 보는데 이론적 문제성이 있어 보이지만 생명권 자체는 원칙적으로 법률유보하에 있는 것이 아니고 공동체 유보나 내재적 한계에 의해서만 제약될 수 있다고 한다. 이러한 언급에 기초할 때 실제로 생명권의 제약의 어떤 효과가 결과되는지에 대해서는 검토가 행해져 있지 않다. 사형에 대해 미국과 독일, 일본과 우리나라의 판례를 인용하고 있지만 여기에서는 계속해서 사형위헌론을 정확하게 주장하고 있는지가 불분명하다. 태아의 생명권과 인공임신중절에 관해서는 독일 판례와 학설, 미국의 판례를 언급하고 있으며 母子保健法施行令 제3조에서 임신한 날로부터 28주내에 인공임신중절을 할 수 있게 한 것, 유전성질환으로서 발생빈도가 10% 이상의 위험성이 있는 경우, 강간에 의한 경우, 경제적 이유가 있는 경우의 인공임신중절을 허용하고 있는 것은 위헌이라고 주장하고 있다. 안락사 문제와 죽을 권리에 대해서 세밀하게 논증되어 있진 않지만 적어도 적극적 안락사와 소극적 안락사에 대해서는 개념구별이 실현되어 있다. 그러나 그 법적 효과에 대해서는 언급이 없다. 방위전쟁에 있어서의 생명의 투입, 특별권력관계에 있는 자에게 타인의 생명을 구출하기 위한 생명투입이 요청되고 정당방위·긴급피난의 경우 그 요건이 충족되는 경우에는 위법성이 없거나 책임이 면제된다고 하고 있다. 마지막으로 생명권의 직접적 효력, 국가의 보호의무, 對私人的 효력, 객관적 가치질서성 등을 언급하고 있으며 침해의 구제방법으로 손해배상과 형사보상 등을 거론하고 있다. 객관적 가치질서성에 대한 언급은 김철수 교수가 기본권의 법적 성격에 관하여 취하고 있는 前國家的 自然權性에 비추어 볼 때 논리적 비약처럼 보인다.

김철수 교수의 생명권에 관한 최초의 포괄적인 論述은 제1세대

헌법학자들과는 또 다른 차원에서 생명권에 대한 인식의 범위와 前途를 넓혀 놓았다는 측면에서 헌법사적 의의를 가진다고 하지 않을 수 없다.

허영 교수는 인간의 생명이 법적으로 보호받지 못하는 경우에는 인간이 살아가는 데 필요한 여러 가지 자유나 재산에 대한 법적인 보호도 무의미하게 된다는 점을 지적하고 많은 나라가 생명권에 대한 규정을 두지 않고 있는 이유는 생명권을 경시해서가 아니라 오히려 생명권을 너무나 당연한 인간의 권리로 보기 때문이라 한다. 이하에서는 허영 교수의 생명권에 대한 논증을 살펴보기로 한다.297) 생명권에 대한 헌법적 보장의 연혁에 관해서는 생명권에 대한 비교법적 고찰과 생명권보장의 국제적인 움직임을 擧示하면서 생명권에 대한 헌법적 보장이 다른 기본권보다 늦게 이루어진 점에 대해서 설명을 하고 있다. 아울러 생명권의 이념적 기초로서 기독교사상, 휴머니즘, 사회주의와의 관계를 검토하고 있는데 정치적 이데올로기로서의 사회주의는 인간생명을 보호하는 측면과 인간생명을 위협하는 측면을 동시에 가지고 있다는 점을 透視하고 있다. 생명권의 대상인 「생명」에 대해서 인간은 사회적 동물이기 때문에 생명은 하나의 생물적 현상인 동시에 사회적 현상이라는 인식에 주목하고 있다. 따라서 생명권의 대상인 생명은 자연현상으로서의 생명을 그 바탕으로 해서 법적인 관점에서 그 내용이 정해지는 법적개념이라 하고 있다. 법적 개념으로서의 생명은 자연과학적 개념으로서의 생명이나 의학적 개념으로서의 생명과 달라 하나의 「決定」(Entscheidung)이지 「認識」(Erkenntnis)이 아니라는 것이다. 즉 자연과학적·의학적 「인식」은 법학적 결정의 기초가 될 수는 있어도 인식 그 자체가 그대로 법적 개념이 되어야 한다는 것은 아니라는 것이다. 헌법상 생명의 始期에 대해서는 受胎時로 잡

297) 자세한 것에 대해서는, 전게 "생명권에 대한 헌법적 고찰", 133면 이하 참조.

고 그 終期에 대해서는 腦死說의 입장을 취하고 있다. 인간의 생명이
야말로 인간존엄성의 活力的 基礎일 뿐 아니라 다른 모든 基本權의
前提를 의미하기 때문에 이른바 '보호가치 없는 생명'이라는 논리형
식은 용납될 수 없다고 하고 인간존엄성을 생명에서 분리시켜 생명보
다 상위에 두려는 노력도 경계해야 한다고 한다. 인간의 생명과 유리
된 인간의 존엄성을 생각할 수 없고 생명이 부인되는 경우에는 인간
의 존엄성도 끝이 나는 것이며 생명의 출생에 의해서 상실되는 인간
의 존엄성이 생명의 희생을 통해서 얻으려는 인간의 존엄성보다 언제
나 큰 것이기 때문이라 한다. 생명권의 내용으로서는 방어권과 보호
청구권, 그리고 생명조성의 국가적 의무를 들고 있다. 여기에서 생명
권의 제3자에 대한 효력을 부인하는 경우에는 생명권의 국가에 대한
효력도 어느 땐가는 무의미하게 될 가능성을 지적하고 있는데 그 이
유는 국가에 의한 생명권의 침해와 다를 것이 없는 私人을 가장한 국
가의 생명권에 대한 침해에 대처할 수 없게 될 것이기 때문이라 한다.
한편 「제3자에 대한 생명의 보호」와 「생명의 助成」에 대해 개념적으
로 정확하게 구별하고 있다. 생명권과 법률유보조항에 관해서는 생명
권에 대한 침해는 생명의 성질상 언제나 완전한 침해, 즉 생명의 박탈
일 수밖에 없다는 사실을 지적하여 독일기본법상의 생명권에 대한 법
률유보조항은 구조적 모순을 내포하고 있는 것 같이 보이나 생명권에
대한 일반적 법률유보의 필요성에 대해서도 논증하고 있다. 나아가
생명의 시기와 종기에 관한 법률규정은 생명권에 대한 침해규정이 아
니라 생명권의 범위를 확정하기 위한 「생명권설정규정」으로 파악하고
있다. 인간생명을 구하기 위한 경우가 아니면 다른 인간생명을 희생
시켜서는 아니 된다는 원칙에 입각하여 생명과 생명은 처음부터 비교
형량의 대상이 될 수 없지만 생명권이 상충·대립할 때는 비례의 원
칙에 입각하여 첫째 위험의 정도가 같은 경우에 다수생명을 하나의
생명보다 중요시하고, 둘째 위험의 정도가 같은 경우에 年長의 생명

보다 年少의 생명을 중요시하고, 셋째 한 생명에 대한 중대한 위험을 모면해 주기 위해서 다른 생명에게 경미한 생명을 야기시키는 것은 가능하고, 넷째 법률질서를 어기는 죄 있는 생명보다는 죄 없는 생명을 중요시해야 한다는 것이다. 국가가 국민의 생명을 의식적으로 박탈할 권리를 가지고 있느냐에 대해서 죄 없이 인질로 잡혀 있는 사람이 겪고 있는 생명의 위협이 다른 방법으로 도저히 벗어날 수 없는 경우에는 범인을 의식적으로 살해하는 것도 생각할 수 있지만, 죄 없는 생명을 달리 구할 수 있는 한, 아무리 重犯人의 생명이라 하더라도 국가가 함부로 살해해서는 아니 된다는 점, 경찰공무원 또는 소방공무원 등 특별권력관계에 있는 者에게 보호 내지 구출하고자 하는 생명이 직면하고 있는 위험의 상태보다 더 큰 위험의 상태에 뛰어들지 않고는 그 생명의 보호 내지 구출이 불가능한 상황 아래서는 생명의 위험을 무릅쓰고 그 생명을 구하라고 요구할 수 없다고 보아야 하고 이때 직무명령에 따르지 않은 공무원의 처벌 내지 징계문제에 있어서는 역시 책임조각의 경우에 준하여 다루어져야 한다고 하는 점, 전쟁의 경우에도 인간의 생명을 되도록 적게 희생시키는 작전을 위해서 노력해야 한다는 점 등의 언급 속에 허영 교수의 국가에 의한 생명권 침해의 한계에 대한 생각이 배태되어 있다. 정당방위에 의한 생명권의 침해는 생명권을 보호하기 위한 국가적인 법질서에 도전하는 것으로 가해자의 생명이 희생될 수밖에 없다는 바탕 위에 자유의 적에게는 자유가 없다는 자유국가의 명제는 달리 표현하여 생명의 적에게는 생명이 없다는 명제를 통하여 그 정당성을 확인하고 있다.298) 사형제도와 관련해서는 다른 생명을 보호하기 위해서 필요불가피한 범위 내에서의 사형제도는 생명권을 보호하는 헌법정신에 어긋나는 것이 아니라고 하고 있다. 그러나 두 가지 전제조건을 달고 있다. 즉 죄 없는

---

298) 허영, 전게 "생명권이 문제되는 몇 가지 경우", 46면 이하 참조.

생명의 희생을 초래할 것이 거의 확실시되는 범행에 대한 것일 것과 특정범행에 대해서 생명형을 규정하는 경우에 그 규정으로부터 거의 확실한 위협의 효과가 기대되는 경우일 것이 그것이다. 헌법상의 방위전쟁에 관한 규정이 일응 방위전쟁의 정당성을 말해주는 간접증거는 될 수 있어도 그것만을 근거로 전쟁에서 인간의 생명이 무수하게 살해되는 것을 정당화할 수는 없고 헌법상의 국방의 의무가 전쟁에서의 생명희생을 정당화시켜 준다고 볼 수도 없다고 하고 있다. 「정의로운 전쟁」의 이론과 「국가적인 정당방위」 이론을 배척하고 전통적인 정당방위이론에 입각하여 전쟁과 생명권과의 관계를 설명하고 있다. 자살행위와 생명권과의 관계에 있어서 생명권은 원칙적으로 포기가 허용되지 않으며 다른 생명을 구하기 위해서 자신의 생명을 희생시키는 것은 유일한 예외라고 하고 있다. 안락사와 생명권의 관계에 있어서는 생명을 단축시키지 않는 안락사, 죽는 것을 대책 없이 방치하는 경우, 생명의 단축을 부수적으로 초래하는 안락사, 의식적으로 생명을 단축시키는 안락사 등의 경우에 법적 평가가 다를 수 있다고 하지만 궁극적으로 헌법적인 관점에서는 의식적으로 인간의 생명을 단축시키는 경우는 말할 것도 없고 원하는 바가 아니지만 생명의 단축을 부수적으로 초래하는 안락사도 생명권의 침해에 해당하는 것으로 보고 있다. 태아의 생명권에 대해서 태아에 대한 헌법상의 보호는 어느 특정한 기간만을 대상으로 할 수는 없는 것이고 전체 임신기간을 망라하는 것이어야 하고 태아에 대한 생명권의 보호는 원칙적으로 수태(Konzeption)시부터 시작되나 늦어도 착상(Nidation)에 의해서 완전한 형태로 나타난다고 한다.299) 태아의 생명권은 사실상 형법 이외의 효과적인 보호방법이 없다는 점을 인식하고 태아의 생명권을 보호하기 위해선 적어도 형법적인 제재가 있어야 한다는 결론을 이끌어내고 있

---

299) 허영, "인공임신중절과 헌법", 79면 이하 참조.

다. 또한 태아의 생명권은 모체의 인간존엄성보다 우선적으로 보호하여야 한다고 한다. 따라서 낙태의 정당화사유에 대해서는 「생명에 대한 침해는 오로지 다른 생명을 구하기 위해서만 가능하다는 원칙」에 입각하여야 한다고 한다. 즉 임신상태의 지속이 의학적 견지에서 모체의 생명을 심히 위태롭게 하는 경우에 모체의 생명을 구하기 위해서 태아의 생명을 침해하는 인공임신중절행위가 정당화되고 우생학적 정당화사유, 사회적 정당화사유, 윤리적 정당화사유에 대한 심도 있는 비판적 검토를 행하고 있다. 아울러 생명권의 본질적 요소가 침해되었느냐의 문제를 검토하는 경우에는 마땅히 인간의 존엄성과 결부된 침해방법 내지 침해절차적인 측면에 대한 검토와 비례의 원칙에 입각한 검토가 함께 행해져야 한다고 한다. 그러나 여기에서는 헌법학적인 중요한 과제이기는 하지만 과잉금지의 원칙과 본질적 침해금지와의 상관관계가 보다 명확하게 논증될 필요가 있다. 어쨌든 인간의 생명권이 고의적으로 무시되고 경시되면 결국은 국가종말의 길로 통한다는 역사적인 교훈을 상기시키고 인간의 생명권을 정점으로 하는 헌법상의 가치질서를 끝까지 지키려는 노력이 없이는 생명체인 인간에 의해서 이룩된 모든 현대문명도 언젠가는 화성이나 수성의 신화처럼 지구상의 신화가 되고 말 것이라는 것을 경고하고 있다.300)

권영성 교수는 신체의 자유의 한 내용으로 생명권을 거론하고 있는데 생명권의 근거에 관하여 인격적 존재로서의 생명권의 보장은 인간의 존엄과 가치의 규정에서 육체적 존재로서의 생명권의 보장은 신체의 자유의 규정에서 그 근거를 찾을 수 있다고 한다. 생명권의 대상으로서의 생명에 대한 기술은 김철수 교수의 논술과 동일하다. 그밖에 생명권의 성질과 내용, 주체 및 생명권의 한계에 대해서 간략하게 언급하고 있지만 위에서 기술한 김철수 교수의 논술이나 허

---

300) 허영, 전게 "생명권에 대한 헌법적 고찰", 152면 참조.

영 교수의 논증의 범위 내에 내포되어 있는 내용들이다.301) 구병삭
교수는 인간존엄권 다음 節에서 생명권을 논하고 있는데 생명권의
근거를 인간의 존엄과 가치의 최대한 보장규정, 신체의 자유, 인간다
운 생활을 할 권리, 국민의 자유와 권리는 헌법에 열거되지 아니한
이유로 경시되지 아니한다는 규정 등에서 그 근거를 찾고 있다. 생
명의 개념은 사회적·법적개념으로 파악하고 있다. 생명의 終期는
가능한 최후의 시점을 잡아야 한다는 허영 교수의 견해302)와 마찬가
지로 생명의 終期는 가능한 최후의 시점으로서의 죽음과 일치시켜야
한다고 하고 있다.303) 생명권은 헌법 제37조 제2항의 일반적 법률유
보조항에 의해서도 제한될 수 없다고 하고 인간의 모든 것인 궁극적
인 생명을 박탈하지 않고서 종신형에 의해서도 국가의 안전보장·질
서유지·공공복리를 유지하는 데에는 하등 지장이 없을 것으로 보이
기에 사형제도는 위헌이라 한다. 생명권의 한계의 내용으로 생명권
침해법률의 위임금지와 신체의 불훼손을 거론하고 있는데304) 생명권
의 한계의 논증으로는 미흡한 논리적 精緻性을 지니고 있지 않나 생
각된다. 그 밖의 記述은 김철수 교수의 논술과 유사하다.

　이종상 교수는 人身에 관한 자유권에는 생명권, 신체를 훼손당하
지 아니할 권리, 신체의 자유 등이 있다고 하고 생명권의 연혁, 내
용, 한계를 다루고 있는데305) 생명의 개념에 대해서는 김철수 교수
의 견해를, 그 밖의 것에 대해서는 허영 교수의 견해를 따르고 있는
것으로 보인다.

　대법원판례는 「인도적 또는 종교적 견지에서 존귀한 생명을 빼앗아

---

301) 권영성, 「헌법학원론」(서울: 법문사, 1979), 404면 이하 참조.
302) 허영, 전게 "생명권에 대한 헌법적 고찰", 141면.
303) 구병삭, 「신한국헌법론」(서울: 일신사, 1990), 292면 참조.
304) 상게서, 293면 참조.
305) 이종상·박광섭, "인신에 관한 자유권과 적법절차", 경남대학교 법학연구소, 「경
　　　남법학」 제3집(1987), 3면 이하 참조.

가는 사형이 피해야 할 것임에는 이론이 있을 수 없다. 그러나 한편으로는 범죄로 인하여 침해되는 또 다른 존귀한 생명을 외면할 수 없고 또 사회공공의 안녕과 질서를 위하여 생명형의 존치를 이해 못 할 바가 아니다. 이것은 바로 그 나라의 총의라고 파악될 것이며 방화죄가 불특정 다수인의 생명, 신체, 재산에 대하여 위험을 발생시키고 공공의 평온을 해하는 공공위험죄인 까닭에 그 형이 특히 무겁고 역사적으로는 나라마다 방화죄에 극형을 부과하였음이 일반이었음에 비추어 보고 형법 제164조가 생명형을 규정한 취의로 보아 사형이 반드시 피해야 할 형이라고만 할 이유도 없다」306)고 하고 있다. 1987. 6. 12. 대판 87도1458 판결은 "인도적 또는 종교적 견지에서 존귀한 생명을 빼앗아가는 사형제도는 모름지기 피해야 할 일이겠지만 한편으로는 범죄로 인하여 침해되는 귀중한 생명을 외면할 수 없고 사회공공의 안녕과 질서를 위하여 국가의 형사정책상 사형제도를 존치하는 것은 정당하게 긍정될 수밖에 없는 것이므로…"307)라고 하여 상기 판례를 확인하고 있다. 한편 1990. 4. 24. 대법원 제1부판결 90도319는 "국가의 형사정책으로 질서유지와 공공복리를 위하여 형법에 사형이라는 형벌을 규정하였다 하여 이를 헌법에 위배된 것이라 할 수 없다" 하

---

306) 大判 1983. 3. 8. 82도3248, 「대법원 판례집 제31권 제1집」(1983), 356면 이하 참조.

307) 이 판례는 법원 행정처에서 공식적으로 간행된 「대법원판례집」에는 눈에 띄지 않지만 이상혁, "우리나라의 사형제도에 관한 고찰," 한국법학원, 「저스티스」 제22권(1989), 53면 참조. 아울러 제1심 형사공판사건 사형선고 죄명과 인원, 죄명별 사형수 집행현황, 일본의 사형확정자 數와 사형집행자 數, 1985-1988년 중반기 동안 각 국가별 사형집행 분포도, 상고심의 사형원심판결에 대한 태도, 일본에 있어서 사형의 존치이유 및 폐지이유와 연령층별 구분 등 사형제도의 운영현황과 이와 관련된 통계 및 여론조사 결과에 대해서는 동 논문 46면 이하 참조. 사형제도와 관련된 기초자료에 대해서는 헌법재판소, 「심판사건자료 12(사형제도 관련자료)」에 실려 있는 내용 참조. 1989년 1월 1일 현재의 전 세계 사형제도 시행현황에 대해서는 위 「심판사건자료 12」에 收錄되어 있는 조효제 譯, 유엔 도큐멘트, "사형폐지의 국제법적 근거" 부록 1, 309면 이하 참조.

고, 1991. 2. 26. 대법원 제2부 판결 90도2906은 헌법 제12조 제1항
에 의하면 형사처벌에 관한 규정이 법률에 위임되어 있을 뿐 그 처벌
의 종류를 제한하지 않고 있으며 현재 우리나라의 실정과 국민의 도
덕적 감정 등을 고려하여 국가의 형사정책으로 질서유지와 공공복리
를 위하여 형법 등에 사형이라는 처벌의 종류를 규정하였다 하여 이
것이 헌법에 위반된다고 할 수 없다"라고 하여 위에서 언급한 1963.
2. 28. 대판 62도 41 판결을 확인하고 있다.308)

4. 제3세대 헌법학자들의 이론과 판례 및 논의상황

윤명선 교수는 생명권은 모든 인권의 출발점인 동시에 귀결점이며
인간의 존엄성실현을 목표로 하는 기본권보장의 본질적 요소라고 하고
있다. 생명의 개념, 생명권의 헌법적 근거 등에 대해 지금까지 논의된
학설을 정리하여 논술하고 있다. 또한 인간은 인격적 존재와 육체적
존재의 성격을 동시에 가지고 있으므로 인격적 생명권과 육체적 생명
권을 구분하는 것은 곤란하다고 하면서 권영성 교수의 견해를 비판하
고 있다. 사회나 국가는 기본적으로 "공존"의 원리 – 이른바 黃金律
(golden rule) 위에서 존립·기능하고 있으며 생명권도 "상대적 성격"
을 가지고 따라서 법률유보에 의한 침해가능성이 헌법이론상 인정되지
않으면 안 된다고 주장하고 있다. 낙태금지309), 인공수정310), 안락

---

308) 법전출판사, 「체계 대법원 판결례」(1994), 631면, 613면 참조.
309) 미연방대법원은 임신 3개월 이내에 행하는 낙태는 privacy의 권리로서 보호되고
    있기 때문에 州정부가 개입할 수 없고, 둘째 단계의 3개월에 있어서는 임부의
    건강을 보호하기 위한 州의 정당한 이익이 형량되어야 하고, 마지막 단계에 있
    어서는 태아의 생명을 보호하기 위한 州의 이익이 개인의 프라이버시권리보다
    우월하다고 한다. Roe v. Wade U.S. 113(1973); Griswold v. Conneticut, 381

사311) 및 그밖의 논술에 대해서는 허영 교수의 견해와 유사하다.312) 권영설 교수는 생명의 終期에 관한 뇌사설을 취하면서 뇌사313)의 임상적 판단기준으로 Harvard Ad Hoc Committee의 기준을 인용하고 있다. 나아가 인간의 생물적 생명과 인간적 생명을 구분할 수 있다면 뇌사에 따라 인간적 생명은 종지하는 것으로 보아야 하고 지나치게 특수한 방법으로 회생시키려는 노력에 의해 죽음에 역행하는 행동은 반드시 인간의 존엄과 가치를 존중하는 행위라고 볼 수 없는 것이라고 하고 있다. 생명권의 헌법적 근거, 법적 성격에 대한 학설을 정리하고 있다. 여기에서 권영설 교수는 인간은 인격적 존재인 동시에 육체적 존재이므로 인격적 생명권을 신체적 생명권에서 구분하는 것은 불가능하다고 하여 권영성 교수의 견해를 논박하고 구병삭 교수가 생명권의 헌법적 근거를 헌법 제9조, 제32조 제1항(모든 국민은 인간다운 생활을 할 권리를 가진다), 제35조 제1항 등에서 구할 수 있다고 하는 한편 신체의 자유에서도 생명권을 포함시키고 있는바 해석상 혼란을 빚고 있다고 비판하고 있다. 어쨌든 생명권을 인간다운 생활을 할 권리에서 근거를 찾는 것은 문제가 있다고 보여진다. 그밖의 쟁점들에 대해서는 허영 교수의 견해와 같은 선상에 놓여 있다고 보여진다.314) 권형준 교

U.S. 479(1965), 윤명선 교수의 동 논문, 64면 주 35)에서 재인용. 우리나라의 낙태의 현황과 실증적 개관, 낙태규제에 대해 자세한 것은, 한국형사정책연구원, 「낙태의 실태 및 의식에 관한 연구」(1991), 27면 이하 참조.

310) 인공수정 등 생명공학으로 야기되는 문제에 대한 자세한 검토에 대해서는, 한국형사정책연구원, 「생명공학의 형법적 한계」(1994), 15면 이하 참조.

311) 안락사에 대한 자세한 고찰에 대해서는 허일태, 「안락사에 관한 연구」(서울: 형사정책연구원, 1994), 17면 이하 참조.

312) 윤명선, "생명권의 법리", 「월간고시」(1991. 12), 51면 이하; 윤명선·김병묵, 「헌법체계론(Ⅰ)」(서울: 법률계, 1996), 385면 이하 참조. 여기에서는 생명권을 포괄적 기본권의 장에서 다루고 있다.

313) 자세한 것에 대해서는 한국형사정책연구원, 「뇌사와 장기이식에 관한 형법적 연구」(1994), 13면 이하 참조. 추호경, "장기이식에 관한 형법적 제문제", 「법조」(1996. 11), 49면 이하 참조.

314) 권영설, "생명권보장의 법리", 「월간고시」(1984. 1), 22면 이하 참조.

수도 생명권의 대상이 되는 생명의 개념은 생물학적·생리학적 인식을
기초로 법적 견지에서 판단하여야 한다는 허영 교수의 입장을 출발점
으로 하고 있으며 생명권의 한계의 논제에서는 법률유보에 의한 생명
권의 제한, 사형제도, 인공임신중절, 안락사, 자살행위, 정당방위 및 긴
급피난, 특수신분관계에 있는 자의 직무상의 행위, 전쟁수행등에 대해
정리하는 차원에서 논술하고 있다.315) 최용기 교수는 신체에 관한 자
유권에서 생명권을 다루고 있는데 생명권의 근거에 관하여 헌법 제10
조에서 인격적 존재로서의 인간의 생명권보장을, 제12조 제1항에서 생
명권의 보장을 유추하는 권영성 교수의 견해에 입각하고 있는 듯하다.
생명권은 자유권적인 내용과 생존권적인 내용을 동시에 갖고 있다 하
면서 그 효력과 한계에 대해서 간략하게 언급하고 있다.316) 강경근 교
수는 인간존엄권의 一內容으로서 생명권을 간단하게 기술하고 있는데
그 파생내용으로 신체불훼손권을 거론하고 있는 것은 생명권법리와의
관계에서는 논리전개상의 문제가 있을 수 있다고 보여진다.317) 김문현
교수는 헌법적 차원에서318) 사형제도의 위헌성을 논증하고 있다. 인간

---

315) 권형준, "생명권의 보호에 관한 고찰", 한양대 「법학논총」(1988), 241면 이하
  참조.
316) 최용기·서경무, 「인권과 법」(서울: 한철학과 통일헌법연구소, 1992), 64면 이
  하 참조.
317) 강경근, 「헌법학 강론」(서울: 일신사, 1993), 166면 이하 참조.
318) 형사법적인 차원에서 사형제도에 관한 논의는, 손해목, "사형제도론(상)·(하),"「고
  시연구」(1983. 10., 11.), 25면 이하, 37면 이하; 신진규, "사형", 한국형사법학회 편,
  「형사법강좌·형법총론(하)(서울: 박영사, 1984), 809면 이하, 여기에는 사형의 집행
  방법, 사형완전폐지국, 제한적으로 사형을 두고 있는 나라들, 주요 사형죄목별 국가
  수, 사형존치국 89개국의 연간 사형집행건수별 분포(1958~1963), 우리나라의 사형집
  행건수(1963~1968)의 통계 및 도표가 실려 있다; 사형제도의 역사적·비교적 검토,
  이론적 검토, 실정법적 검토, 형법개정과 입법론적 검토에 대해서는 한인섭, "사
  형제도의 문제와 개선방향,"「형사정책」(1990. 5), 23면 이하; 정영일, "사형제도
  에 대한 형사정책적 음미", 「형사정책」(1986년 창간호), 309면 이하, 여기에서는
  사형문제는 아무리 이론적으로 그 가부를 논해도 별로 의의가 없다고 전제하고
  사형제도가 가지는 범죄억지(deterrence)라는 형사정책적인 효과를 실증적 고찰
  자료에 의하여 검토하고 있다; 사형집행의 생생한 傳言과 오판가능성의 지적에
  대해서는, 조갑제, "사형집행의 실제와 「억울하다」는 유언", 「형사정책」(1986년

의 존엄성과 사형의 특성에 기초하여 사형을 위헌이라 보는 방법(규범적 접근방법)에 의해서가 아니라 사형의 過度性, 불평등성, 恣意性 등의 측면에서 접근(분석적 접근방법)하는 것이 타당하다고 하고 사형과 비례의 원칙, 사형의 자의성, 사형집행방법의 위헌성 여부를 검토하고 있는데 궁극적으로 사형의 위헌성 여부에 있어서는 역사적 관행, 입법례, 국민의식에 비추어 그 자체 위헌이라 볼 수는 없으나 비례의 원칙에 위배되는 사형, 평등성에 위배되는 사형, 자의성이 인정되는 사형은 위헌이라고 하고 있다.319)

우리 헌법재판소는 1996년 11월 28일 선고 95헌바1 형법 제250조 등 위헌소원의 결정에서 사형의 합헌성을 7 : 2로 인정하였다. 먼저 다수의견을 들어본다. 인간의 생명은 고귀하고 이 세상에서 무엇과도 바꿀 수 없는 존엄한 인간존재의 근원이다. 이러한 생명에 대한 권리는 비록 헌법에 명문의 규정이 없다 하더라도 인간의 생존본능과 존재목적에 바탕을 둔 선험적이고 자연법적인 권리로서 헌법에 규정된 모든 기본권의 전제로서 기능하는 기본권 중의 기본권이다. 인간의 생명에 대하여는 함부로 사회과학적 혹은 법적인 평가가 행하여져서는 안될 것이지만 비록 생명에 관한 권리라 하더라도 그것이 헌법상의 기본권으로서 법률상의 의미가 조영되어야 할 때에는 그 자체로서 모든 규범을 초월하여 영구히 타당한 권리로서 남아 있어야 하는 것이라고 볼 수는 없다. 사형이 비례의 원칙에 따라서 최

창간호), 335면 이하, 여기에는 도스도예프스키의 「죄와 벌」에서 주인공 라스꼴니코프의 술회가 인용되어 있다. "사형선고를 받은 사람은 처형당하기 직전에 생각한다. 설혹 겨우 서 있을 만한 여지밖에 없는 좁은 바위, 영원히 가시지 않을 암흑과 고독, 그리고 폭풍의 大海에 둘러싸인 그러한 바위에 선 채로 수천년, 아니 영원한 세월 속에 파묻혀 산다 해도 그렇게라도 사는 것이 지금 바로 죽는 것보다 낫다. 오직 사는 것, 살아나가고 살아내는 것―그것이 어떤 인생인들 상관없다". 예수도 소크라테스도 안중근도 사형수였다는 사실과 동서양을 막론하고 가장 열렬한 사형반대론자들은 사형집행인이었다는 것을 지적하고 있다.
319) 김문현, "사형제도의 위헌성 여부", 「월간고시」(1989. 5), 82면 이하 참조.

소한 동등한 가치가 있는 다른 생명 또는 그에 못지 아니한 공공의 이익을 보호하기 위한 불가피성이 충족되는 예외적인 경우에만 적용되는 한 그것이 비록 생명을 빼앗는 형벌이라 하더라도 헌법 제37조 제2항 단서에 위반되는 것으로 볼 수는 없다. 사형은 인간의 죽음에 대한 공포본능을 이용한 가장 냉엄한 궁극의 형벌로서 그 위하력이 강한 만큼 이를 통한 일반적 범죄예방효과보다도 더 클 것이라고 추정되고 또 그렇게 기대하는 것이 논리적으로나 소박한 국민일반의 법감정에 비추어 볼 때 결코 부당하다고 볼 수 없으며 사형의 범죄억제효과가 무기징역형의 그것보다 명백히 그리고 현저히 높다고 하는 데 대한 합리적·실증적 근거가 박약하다고는 하나 반대로 무기징역만으로도 사형의 일반예방적 효과를 대체할 수 있다는 주장 역시 마찬가지로 현재로서는 가설의 수준을 넘지 못한다. 인간의 생명을 부정하는 등의 범죄행위에 대한 불법적 효과로서 지극히 한정적인 경우에만 부과되는 사형은 죽음에 대한 인간의 본능적인 공포심과 범죄에 대한 응보욕구가 서로 맞물려 고안된 "필요악"으로서 불가피하게 선택된 것이며 지금도 여전히 제기능을 하고 있다는 점에서 정당화될 수 있다. 따라서 사형은 이러한 측면에서 헌법상의 비례의 원칙에 반하지 아니한다 할 것이고 적어도 우리의 현행헌법이 스스로 예상하고 있는 형벌의 한 종류이기도 하므로 아직은 우리의 헌법질서에 반하는 것이라고는 판단되지 아니한다. 사형을 형벌의 한 종류로서 합헌이라고 보는 한 그와 같이 타인의 생명을 부정하는 범죄행위에 대하여 행위자의 생명을 부정하는 사형을 그 불법효과의 하나로서 규정한 것은 행위자의 생명과 그 가치가 동일한 하나의 혹은 다수의 생명을 보호하기 위한 불가피한 수단의 선택이라고 볼 수밖에 없으므로 이를 가리켜 비례의 원칙에 반한다고 할 수 없어 헌법에 위반되는 것이 아니다.

여기에는 김진우 재판관과 조승형 재판관의 반대의견이 있다. 먼저 김진우 재판관의 반대의견을 들어보기로 한다. 극악한 범죄를 범함으로써 스스로 인간임을 포기한 자라도 여전히 인간으로서의 존엄과 가치를 갖고 있는 인간존재인 한 그에 대하여도 피해자 내지 그 가족 또는 사회의 보복감정을 충족시키기 위해서 또는 유사범죄의 일반적 예방이라는 목적의 달성을 위해서 비인간적인 형벌을 적용해서는 아니 된다. 형벌로서의 사형은 자유형과는 달리 사형선고를 받은 자에게 개과천선할 수 있는 도덕적 자유조차 남겨주지 아니하는 형벌제도로서 개인을 전적으로 국가 또는 사회 전체의 이익을 위한 단순한 수단 내지 대상으로 삼는 것으로서 사형수의 인간의 존엄과 가치를 침해하는 것이다. 사형제도는 나아가 양심에 반하여 법규정에 의하여 사형을 언도해야 하는 법관은 물론 또 그 양심에 반하여 직무상 어쩔 수 없이 사형의 집행에 관여하는 자들의 양심의 자유와 인간으로서의 존엄과 가치를 침해하는 비인간적인 형벌제도이기도 하다. 법률이 정한 형벌도 적법절차에 합치하려면 그 법률에 정한 형벌의 내용이 정당성과 합리성이 있어야 한다. 아무리 훌륭한 법관이라 하더라도 인간이 하는 재판인 한 오판이 있을 수 있고 그 경우 집행을 마친 후에 있어서는 어떠한 방법으로도 원상회복이 절대적으로 불가능한 사형제도에 의하여 달성하려는 목적인 범인의 영구적 격리나 범죄의 일반예방이라는 공익은 무기징역에 의하여도 달성될 수 있는 것인데도 국민의 기본권 중에서 가장 기본적인 의미를 갖는 기본권인 생명권(인간의 생명은 그 개인에 있어서는 하나의 우주이고 지구보다 무거운 것이다)을 완전히 최종적으로 박탈하는 사형제도를 규정하고 있는 법률규정은 피해의 최소성원칙에 반하여 기본권제한에 있어서의 과잉금지원칙에 위반되고 생명권의 본질적 내용을 침해하는 것이어서 헌법 제37조 제2항에 반할 뿐만 아니라 헌법 제10조에서 보장된 인간의 존엄과 가치도 침해하는 것이다.

다음으로 조승형 재판관의 반대의견을 들어 보기로 한다. 사람은 창조주에 의하여 피조된 신비스러운 존재이며 사람의 생명은 창조주 다음으로 가장 고귀하고 신성한 것이므로 사람의 생명을 박탈하는 일은 창조주만이 가능할 뿐 창조주가 아닌 사람은 그 어떠한 권위를 가지고서도 사람이 만든 어떠한 법과 제도를 통하여서도 불가능하다고 할 것이다. 인간의 생명권은 선험적이고 자연법적인 권리로서 이를 박탈할 수는 없다. 인간의 생명권은 사람의 생존본능과 존재목적 그리고 고유한 존재가치에 바탕을 두고 있으므로 이는 선험적이고 자연법적인 권리일 수밖에 없다. 또한 이는 모든 기본권이 생명이 있음을 전제로 하여 비로소 의미를 가지는 것으로서 모든 기본권의 근원이 되는 최고의 기본권이기 때문에 어떠한 법률이나 제도에 의해서도 박탈될 수 없다. 우리 헌법은 제1조에서 전체주의적인 성격을 부인하고 있으며 제10조에서 인간으로서의 존엄과 가치를 즉 인격주의를 선언하고 불가침의 기본권이 있음을 확인하며 그 보장의무가 국가에 있음을 선언하고 있다. 따라서 우리 헌법의 근본정신은 반전체주의적 정신과 인격주의라 할 것이므로 생명박탈의 형벌은 바로 이 정신에 반하는 형벌로써 우리 헌법이 사형제도를 예정하고 있지 않다고 보는 것이 논리상 합당하다고 할 것이다. 사형제도는 생명권의 본질적 내용을 침해하는 생명권의 제한이므로 헌법 제37조 제2항 단서에 위반된다. 가사 헌법 제37조 제2항 단서상의 생명권의 본질적 내용이 침해된 것으로 볼 수 없다고 가정하더라도 형벌의 목적은 응보·범죄의 일반예방·범죄의 개선에 있음에도 불구하고 형벌로서의 사형은 이와 같은 목적달성에 필요한 정도를 넘어 생명권을 제한하는 목적의 정당성, 그 수단으로서의 적정성·피해의 최소성 등 제원칙에 반한다. 사형은 범죄자의 생명을 박탈하는 것이므로 범죄자에 대한 개선의 가능성을 포기하는 형벌일 수밖에 없고 그렇다면 형벌의 목적의 하나인 개선의 목적에 반하여 사형제도의 정당성을 인정할 수 없다. 재판은 인간이 하는 심판이므로 오판을 절대적으로 배제할 수는 없고 오판이 시정되기 이전에 사형이 집행되었을 경우에는 비록 후일에 오판임이 판명되더라도 인간의 생명을 원상으로 복원시킬 수는 없는 것이므로 사형제도는 어떠한 이유로도 그 정당성을 설명할 수 없다. 사형제도로서도 형벌의 목적의 하나인 범죄의 일반적 예방의 실효를 거두고 있다고 할 수 없으며 그 효과면에서 보더라도 무기징역형을 최고의 형벌로 정하는 경우와 비교하여 크나큰 차이가 있다고 할 수는 없다. 그렇다면 사형제도가 형벌의 한 수단으로서 적정하다거나 필요한 방법이라고는 할 수 없다. 생명은 평범 이상의 신비스런 외경의 존재이므로 이와 같은 평범한 서민감각을 일반의 경우와 동일하게 국민일반의 법감정으로 승화하거나 정당화시킬 수는 없다. 인간의 생명박탈이라는 가장 큰 피해를 입혀 생명권을 제한함은 피해의 최소성의 원칙에 반한다. 자기의 생명에 대한 현재의 급박한 침해를 방위하기 위하여 부득이 그 침해자의 생명을 박탈할 수밖에 없는 불가피한 선택의 경우라면 모르되 그와 같은 경우가 아닌 생명박탈범에 대하여 후일에 국가가 형벌로써 그의 생명을 박탈하는 경우(현재의 급박한 침해의 상태가 아닌 경우) 등은 생명을 박탈할 수밖에 없는 불가피한 선택의 경우라고 강변할 수 없기 때문에 이 점에 대해서도 다수의견은 납득하기 어렵다.320)

---

320) 이 판례에 대해서는 현재까지 김일수 교수의 판례평석과 박선영 박사의 논문이 나와 있다. 박선영 박사는 이 판례에 대해 형사정책적 검토, 헌법해석학적 검토, 비교법적 검토를 하고 있다. 박선영, "사형제도의 합헌결정에 대한 소고(상)(하)," 「사법행정」(1997. 2, 3), 37면 이하; 김일수 교수는 소수의견을 높게 평가하고 있다. "형벌을 수단으로 한 형사정책적 명제도 「鎭火에 앞서 먼저 인명을 구출해야 하듯 범죄투쟁에 앞서 먼저 인간의 인격을 존중하라」는 데로 나아가지 않을 수 없다. 다수의견은 위하예방을 근거로 사형의 합헌성을 논증하는 근거로 삼고 있으나 이러한 관점은 인간을 다른 목적을 위한 단순한 수단으로 삼지말라는 인간존엄성 요구에 반하는 것이다. 인간의 존엄성에 대한 바른 이해를 바탕으로 소수의견을 낸 두 재판관의 견해는 탁월한 설득력과 논증력을 지닌 것으로 보인다. 사형과 생명권의 본질적 내용침해와 관련해서도 김진우, 조승형 재판관의 논지가 훨씬 큰 설득력을 갖고 있으며 헌법이론적으로도 타당한 것으로 보인다"라고 하고 그 이유로 생명의 박탈은 정당방위나

생명권의 침해는 목전의 생명을 구하기 위한 조치로서만 가능하다. 그외에 여하한 침해이유를 찾을 수 없다. 예컨대 절박한 母體의 생명을 구하기 위해서 태아의 생명을 희생하는 경우, 있을 수 있는 다른 모든 수단을 동원했는데도 불구하고 인질을 구출하는 데 인질범을 살해할 수밖에 없는 경우 등이 그렇다. 인간파멸행위인 전쟁 중에서도 극소의 생명희생작전에 의거한 살해행위만을 헌법적 촉각에 잡을 수 있을 뿐이다. 「贖罪를 위한 刑罰論」은 적어도 오늘날 그 빛을 잃었다.321) 사형이란 특정한 생명의 희생 위에 이루어지는 형사정책적인 실험에 불과하다.322) 목전의 생명을 구하기 위한 것이 아니라 미래의 불특정 다수의 생명을 보호한다는 명목(이것은 개연성의 이데올로기에 입각한 인간이 만들어 놓은 의제중에서 가장 그럴 듯한 의제이다)으로 사후적인 국가에 의한 합법적 살인을 위해 기여하는 사형제도는 국가의 근본적인 존립목적에 어긋난다. 사형존치론과 사형폐지론은 사형위헌론과 사형합헌론과 같은 위상을 갖는 것은 아니다. 헌법학적 논증과 실정헌법해석의 문제가 대두되기 때문이다. 하지만 후자는 전자의 많은 대립된 논점을 바탕으로 삼지 않을 수는 없을 것이지만 국가의 근본적인 존립목적을 출발점으로 하여 우리 헌법상의 본질적 내용의 침해금지규정의 해석에 접근하여야 한다고 본다. 물론 여기에서도 과잉금지원칙과 본질적 내용의 침해금지의 상관관계가 명확히 밝혀질 필요가 있다. 사형에 관한 우리 헌법재판소 판례에 대해서는 「아직은」이라는 가치판단에서 「이제는」이라는 가치판단으로 전환되었었으면 하는 아쉬움을 가져 볼 따름이다.

방어전쟁과 같은 정당화사정이 존재할 때에만 예외적으로 인정될 수 있을 뿐이다라는 논거를 들고 있다. 김일수, "사형제도의 위헌여부," 「법조」(1997. 1), 184면 이하 참조.

321) 허영, 전게 "생명권이 문제되는 몇 가지 경우", 49면 참조.

322) 허영, 전게 「한국헌법론」, 335면 참조.

IV. 結 論

생명권에 관한 논의 차원에서뿐만 아니라 우리 헌법사의 전개에 있어서 제2세대 헌법학자들의 인식과 그 사상체계는 역사의 올바른 전개를 위해서 아무리 강조해도 지나치지 않을 것이다. 생명권은 인간존엄성의 활력적 기초로서 그 핵심적 근거이고 신체의 자유의 논리적 기초이며 다른 모든 기본권의 이념적·논리적 전제이다. 인간의 모든 질서창출의 원천적 근거로서 헌법철학의 출발점인 동시에 귀결점이다. 생명권의 보호는 신과 인간이 합동하여 할 수 있는 유일한 범주적 명령이고 인간이 만든 헌법의 가치결단 속에 들어 있는 지상명제이다. 가치라는 것이 유동적·주관적 성격을 지녀서 확정될 수 없는 것이고 세계관, 인생관, 가치관에 따라 함부로 그리고 쉽게 말할 수 있다고 하지만 생명권 이상의 가치로서 무엇을 찾을 수 있을 것인가. 우선 힘이 곧 가치라는 사상을 탈피하고 가치가 곧 힘이고 힘은 가치를 지탱해 주는 도구에 불과하다는 사고로 전환되어야 한다. 모든 질서 메커니즘을 분해·조립할 때 이 생명권의 인식은 알파와 오메가이다. 우리 헌법사도 이제 이러한 바탕 위에서 궤도가 설정되기를 바랄 뿐이다.

• 저자 •

황치연(黃致連)   전주고 졸업
연세대학교 법과대학 졸업
연세대학교 대학원 법학과 졸업(법학석사, 법학박사)
연세대학교 대학원 및 법과대학 강사
한국공법학회 상임이사
독일 훔볼트 재단 초청,
Bonn 대학교 공법연구소 객원 연구원 역임
문학세계 시부문 신인문학상 수상(2005. 4)
현) 헌법재판소 헌법연구관

• 저서 •

헌법학도의 길, 제1편 헌법이란 무엇인가
혁명가들에게 고(告)함(시집)

韓國憲法史와 生命權 認識

초판인쇄 / 2005. 4. 19
초판발행 / 2005. 4. 19
지은이 / 황치연
펴낸이 / 채종준
펴낸곳/한국학술정보(주)
경기도 파주시 교하읍 문발리 526-2 파주출판문화정보산업단지
전화/ 031)908-3181 대표(팩스) 031)908-3189
홈페이지 / http://www.kstudy.com
e-mail(e-Book사업부) ebook@kstudy.com
등록 / 제일산-115호(2000.6.19)
가격 / 7,000
ISBN/ 89-534-2371-6 93360   (Paper Book)
89-534-2372-4 98360   (e-Book)